传媒新人手册

慈妍妮　主编

知识产权出版社
全国百佳图书出版单位

图书在版编目(CIP)数据

传媒新人手册/慈妍妮主编. —北京: 知识产权出版社, 2017.11

ISBN978-7-5130-4720-3

Ⅰ.①传… Ⅱ.①慈… Ⅲ.①传播媒介—手册 Ⅳ.①G206.2-62

中国版本图书馆CIP数据核字(2017)第009215号

内容提要

本书中的每篇文章来自传媒专业历届毕业生的个人真实经历，均为传媒新人用文字写下的经验之谈。本书通过生动的案例可以帮助初入职场的媒体从业者顺利度过职场适应期，并做好职业生涯规划。

责任编辑： 刘晓庆　　　**责任出版：** 孙婷婷

传媒新人手册

CHUANMEI XINREN SHOUCE

慈妍妮　主编

出版发行：	知识产权出版社有限责任公司	网　　址：	http://www.ipph.cn
电　　话：	010-8200860-8363		http://www.laichushu.com
社　　址：	北京市海淀区气象路50号院	邮　　编：	100081
责编电话：	010-82000860转8073	责编邮箱：	396961849@qq.com
发行电话：	010-82000860转8101	发行传真：	010-82000893
印　　刷：	北京中献拓方科技发展有限公司	经　　销：	各大网上书店、新华书店及相关专业书店
开　　本：	720mm×960mm　1/16	印　　张：	11.25
版　　次：	2017年11月第1版	印　　次：	2017年11月第1次印刷
字　　数：	100千字	定　　价：	48.00元

ISBN978-7-5130-4720-3

序 言

几个月前，我就收到了本书的书稿，可是这篇序言，我却一直拖了很久才写好。其实，写一篇文章并非难事，但对于混迹职场15年的“老菜鸟”来说，专门来谈职场之路，却越来越不知道该怎么下笔。我索性静下心一边来阅读这本书稿，看作者的故事，一边对照自己的职场之路。

“职场”是一个词，但是其内涵却包罗万象：处世、做事、做人，情商、智商、财商，谈判、妥协、坚持，迷茫、混沌、纠结……林林总总。初入职场，总会遇到一些问题，但这也催生了“职场励志图书”这样一个图书门类。这些年，因为做人力资源的缘故，我也看了不少所谓的职场小说、励志小说，翻多了，越发感觉这一类书都离不开“小强打怪升级”的套路。这倒也让我想起了金庸先生的小说中的主人公。一个“菜鸟”要么有背景、有靠山，要么总是能不断受人相助，还要有各类馅饼不断砸到头上，诚然如韦小宝般无背景的底层小人物，也有机会与小皇帝攀上关系而直达天庭。

最终呢，小强们要么修成骨灰级别的大侠，要么抱得美人归。

励志书的个案，武侠书中的个例，这些让人看起来都着实很爽，但真入职场后，多数人都是芸芸众生中的普通一员，上下、前后、左右也更像谍战剧《潜伏》中的办公室，并非简单以好人、坏人归类，而多是为个人、组织利益奋斗的普通一员。

把励志书当故事看很有趣，但编出来的剧情多有美化、虚构成分，源于不真实就缺少了实际的参考意义，而本书中的每篇文章均来自北京印刷学院部分历届毕业生的个人真实经历。这些已经毕业的学长，与诸位读者有同样的学业背景，相似的就业方向，以及几乎相同的职场路径。故事中的人物，也许就是读者未来的同事；文章的作者可能就是诸位未来的上司或同僚。他们走过的路、遇到的坎，也将是即将毕业的你都可能会遇到的。

有句老话说“读万卷书不如行万里路”，后来又有了“行万里路不如阅人无数”“阅人无数不如高人指路”。本书中的每一位作者，对于职场“小白”来说，都更像一个个“高人”，他们已经走过你即将走的路，文中记下了那些路上的坑和坎，容易混淆方向的岔路口，还有那些可以小抄一下的便捷小道。虽然这些“高人”也尚未走完这些路，但这些有意义的分享，兴许会助你在未来几年内能够迅速追赶上他们，与他们并肩前行。

由于职场里有太多的利益纷争，人们都会不自觉地保护自己，这也会让很多职场人更愿意回忆当年无忧无虑的校园生活。也正是由于对校园生活的美好回忆，与老师们的期盼请求，让他们能卸下负担，在书中用文字写下那些掏心窝子的话。你可以把它们当成故事来看，挺有趣，也可以把它们当成指南来读，很实用。总之，干货满满，不虚此行。

光线传媒有限公司人力行政总监　王　鑫

目　录

第一部分　编辑与记者的故事

第二部分　发行人的故事

第三部分　广告人的故事

第四部分　互联网人的故事

第五部分　影视人的故事

第一部分

编辑与记者的故事

想做媒体？那你得考虑下

●张乃超

本来想写写，做媒体该怎么做？需要哪些必备技能？但是想了想，既然是写给大学生们看的文章，还是写一些心里话吧。所谓的新闻理想只是让你在面对诱惑时坚持下来的一个初心。其实，做媒体无非就是：一句话、一口气、一颗心。

一句话

“做媒体，要耐得住寂寞，受得住清苦，经得住诱惑。”

说起与媒体结缘，就要从唐师曾、水均益和白岩松说起。这几个人可以说是我在新闻上的启蒙老师。我从小看着他们报道的海湾战争，以及敬一丹主持的“焦点访谈”长大。我总觉得做新闻的人就是一群可以快意恩仇、指点江山的群体。但是随着我进入媒体行业，慢慢地却也发现媒体并没有我想得那么简单。这并不是一个可以挣大钱、挣快钱的地方，也不是一个你想进就进得来的地方。媒体行业是一个需要有信仰的地方。对于国人来说，我们缺失最大的却恰恰是信仰。

“做媒体，要耐得住寂寞，受得住清苦，经得住诱惑。”这是我入行至今总结出的一句话。其实也很简单，正所谓：“书读百遍，其意自见。”这句话是我刚入行的时候一位老大哥告诉我的。当时，他跟我说这句话的意思是，希望我把这句话作为自己的信仰。

而在当时，我不理解那位老大哥为何要让我把这句话当成信仰。但是时至今日，我才明白身为媒体人必须要有自己的信仰。如果你做新闻时没有信仰，那么你如何扮演“守门人”的角色？

进入媒体行业后，我体会最深的便是传播学中的守门人理论和沉默的螺旋理论。作为一个媒体人，你想要传播给民众的永远是经过你筛选的信息。然而作为一个媒体人，你要把什么样的信息传播给你的读者，又要把什么样的信息过滤掉，这是一个很有意思的问题。这也引出另外一句话，即“收人钱财，与人消灾”。媒体行业中有一种产物叫做“车马费”。这种产物也是国内的一大特色，说白了这是一种潜规则，行业的潜规则。举例来说，你参加一个产品的发布会，你收了人家车马费和礼品就意味着你要有选择地对信息进行传播。但是，你不收车马费可以吗？如果答案是肯定的，那明显是会造成更多的问题的。比如说，如果你不收车马费，厂商及公关很可能会认为你是对他们有意见，或者有什么别的看法，也许还会产生很多别的问题。这个问题，我们不能解决，那么只有做到同流而不合污。这个也是做媒体一个比较难的事情。

所以会有这句话，“做媒体，要耐得住寂寞，受得住清苦，经得住诱惑。”寂寞，是因为我们经常需要半夜写稿，经常要做很多不被人所理解的事情；清苦，是因为做媒体是一个清苦的行业，支撑着你做下来的往往是一份新闻理想。至于诱惑就得看个人了。这个行业中的诱惑有很多，有钱财的，有权力的，也有肉欲的。无论是肉欲还是物欲，我们都要顶住那些糖衣炮弹。如果自问顶不住，怎么办？那么请远离这个行业。因为你在这个行业中会给自己带来困扰，也会为他人带来困扰。寂寞、清苦与诱惑是媒体从业者面临的三个问题，想清楚了就进来吧。这个行业不能让你发财却可以让你满足温饱，也会让你有一个不一样的人生轨迹。

一口气

“你得知道你的稿子是为谁而写，想让谁看，为谁而做。”

做媒体，你得知道你的稿子是为谁写的，想让谁看，想让谁知道。在国外，媒体人是越老越值钱，其实在国内也是这样的。只是国内随着越来越多的年轻人加入这个行业，也打破了这个行业中的一些潜在的平衡。这也造就了一些年纪轻轻就出名的记者和媒体人。然而这些媒体人与老媒体人相比，却依然缺少了一分老练和阅历。

首先，不论你的选题是为谁做的，你的稿子是为谁写的，你都要知道做媒体要有一定的基础技能。这些技能包括敏锐的新闻嗅觉、独特的新闻视角、良好的撰稿能力和基础的摄影技巧。这些是一个媒体人所必备的基础技巧。首先，敏锐的新闻嗅觉，这似乎就不用多说了，在新闻没发生前，你就应该有一定的感应，这类似于女生的第六感。其次，新闻视角往往跟一个人的阅历有关。举个简单的例子，比如说，前几天发生的天津港爆炸案，你在知道这个事件之后，你的第一反应是什么？有没有联想到近期发生的一些事件？有没有联想到国内的政治动向？有没有联想到一些体制内的暗涌？除去这些，还有哪些东西呢？你是否具有一种良好的撰稿能力，你的稿件能否把你的观点很清晰地表达出来，并传达给你的受众呢？最后，是一个基础的摄影技巧。有很多时候在新闻现场，你往往不能与一名摄影记者同行。那么在这样的条件下，你就需要具备一定的新闻摄影素养。尽管现在大部分纸媒都是摄影师与编辑分开的配置，但是在某些特殊情况下，如果你懂得一定的新闻摄影和商业摄影知识，那么这对你来说是具有极大的优势的。至于摄影方面的技能，与做选题的技能是一样的，都需要时间的积累、经验和阅历的堆积。只有日积月累地积累这方面的技能才可以获得在媒体行业生存的一席之地。如果想要加入媒体，那么多看书是少不了的；如果你有一根令人折服的“笔杆子”，那么你在这个行业中所获得的地位是完全不一样的。

一颗心

“你还记得你进入媒体行业的初心吗?”

这句话也许现在看不太现实，但是依然值得问自己。因为当你进入媒体这个行业中，第一年是对你现有既定价值观一个“破而后立”的过程。在这个过程之后，你就需要问问自己：你还记得进入媒体的初心吗?

对于我来说，我每年都会重新审问自己一次，我进入媒体的初心是什么。是为了那些如同“福利”一样的出差？还是那些数量算不上多的车马费？还是那些可以试驾的新车呢？说实话，我到如今都还记得当初我为何会选择进入汽车媒体行业。以我的脾气而言，我之所以进入汽车媒体是因为我知道，我如果进入社会媒体，不出三年，不是我患抑郁症，就是从媒体中消失。也许这话说得有些重，但是这真的是我自己的一个顾虑。

所以最终我选择进入这个看似与世无争的汽车媒体行业中进行自己的媒体报道。作为一个行业类媒体，我在制作属于自己的内容时总是掣肘与厂商之间的关系，有时候也需要在这中间寻找一个属于自己的平衡。什么样的媒体人是有良心的媒体人？从我入行，这个问题就一直困惑着我。每来一辆试驾车，我们可以说这个试驾车的缺点吗？很多时候，以我们的驾驶经验和驾驶经历作为依据的话，很多驾驶感受并不能代表全部。换句话说，这些驾驶感受都过于真实，这些真实是我们的感受，可是当我们摸过的车达到了一定的量级之后，却发现之前自己写的稿子却显得有失偏颇。其实，做选题找的是一个最符合情怀，这个情怀是要让你从中找到一个这个产品的态度。那么这样说下来，你还记得你进入媒体的初心吗？我记得，我是为了我所热爱的摄影、我热爱的文字，以及我所热爱的机械才进入汽车媒体的。

最后，我也只想说，“媒体，想说爱你不容易！”作为传媒业中的一个环节，这个环节慢慢地被公众质疑、谩骂和诟病，到如今又重新获得自己的话语权，媒体人是否还记得属于自己的“第四权力”？是否还曾记得属于我们所应行使的义务呢？作为这个环节中的一员，我想说，如果你想进入媒体，就一定要再三思考。因为进入媒体就好像吸毒，你一旦进入便很难从中走出来。因为在媒体中你可以得到一种近似于信仰的心理慰藉，这样的慰藉更像是毒品，在滋养着你的精神生活世界。所以，你真的考虑好了吗？

定位不定型，活出生命更多的可能性

●林少波

我上大三时就出来找工作了，因此接触出版行业相对较早，赶上了中国出版业最后一段黄金时期。在民营公司历练的一年，是我收获很大的一年，但也是让我对出版行业的神圣光环开始产生怀疑的一年。

“书商”这个说法，让我纠结：到底该如何在文人和商人之间做权衡？在文化坚守和经济利益之间又该如何选择？

大学毕业之际，我很矛盾。因为这一年多来，对这个行业、对这份工作，我有了一些独立的思考，可现实有时却让我感到很困惑，甚至痛苦。

有一次，我给大学导师发邮件，详细讲述了自己的苦恼：这个行业曾经在我心中是神圣的，但是现实中的很多事实却让人感到庸俗，周围的环境和事物的运行规律与我理解得完全不同，我感到很无力，也不知道该怎么办……

导师给我回信了，导师从一个网站上转载了一个小故事。

“从前，有一只鹰蛋不小心落到了鸡窝里，被当成鸡孵了出来。从出生那天起，它就与鸡窝里的兄弟姐妹们不一样：没有五彩斑斓的羽毛，不会用泥灰为自己洗澡，不会三啄两扒地从土里刨出一只小虫来。矮小的鸡窝总是碰它的头，而小鸡们总是笑它笨。它对自己失望极了，于是它跑到一处悬崖上，想跳下去结束自己的生命。但当它纵身跃下的时候，它本能地展开了翅膀，结果飞上了云天。它这才发现，自己原来是一只鹰，而鸡窝和虫子都不属于它。

它为自己曾因不是一只鸡而痛苦的往事感到羞愧……”

“你没有必要因为自己是一只鹰而感到羞愧！做一个有责任心的商人比文人更可贵！”导师这样对我说。

看了这封回信，我心中豁然开朗起来。

毕业之后，我不再因为对别人的不认同而感到痛苦和绝望，甚至扭曲自己。

“要么赚钱但做自己不喜欢的事情，要么做自己喜欢的事情却赚不到钱。”果真如此吗?

其实，宇宙本无边界，所谓阴阳、所谓四季、所谓白天与黑夜，都是我们自己定义出来的。

因此，没必要把世界看成“非左即右、非黑即白、非错即对、非此即彼”。

有时候，走着走着路变窄了，但那却并不是路的尽头，它只是在提醒你，该转弯了。

赚钱与爱好从来就不矛盾，所谓的矛盾都是我们自己给它定义的。

有这种矛盾思维的人，至少对赚钱这个事情是不喜欢的、甚至是排斥的，拿着赚到的钱享受各种爱好的同时，却又抱怨钱的“罪恶”。正如有些吃着体制饭的人，总是端起碗来骂娘。

不偷、不抢、不蒙、不骗，靠自己的诚实劳动所得，有什么纠结的呢？成大事者不纠结！

看看那些真正的成功人士，哪个不是越赚钱，就越有能力做自己喜欢的事情？

人生是需要“定位”，但千万不能被一个说法就把自己给“定型”了。

“定位”是找准个人天赋、兴趣与市场的结合；而“定型”是把你那颗活泼的心框住，扼杀你的天性。“定型”满世界都是，但人生真正重要的“定位”却不多。很多人一直处在不知道自己要什么的状态中。工作了、恋爱了、结婚了，却发现什么都提不起劲。人生还没有“定位”，但已有了大把的“定型”。

想清楚这个道理，在接下来的几年里，我改变思维、转换心态，同时不断提升自己的能力，踏实地做好每一件事。导师在信末尾的那两句话，也成了我经常勉励自己的座右铭。

毕业后出来工作，每当别人听说我是从北京印刷学院毕业的时候，总会不由自主地联想到我是学工科的，肯定是和印刷有什么直接关系。好像我就是专门在印刷厂里负责排版、印制的。其实，我学的编辑出版专业属于文科，主要是和文字、媒体打交道。我就一直跟别人澄清：你们可以把我“定位”为是北京印刷学院毕业的，但请不要把我“定型”为就是搞印刷的。

上班几年下来，每次给别人递送名片时，人家接过来一看，自然的反应就是：“哦，文人，才子啊！”难道我就要一辈子爬格子吗？我开始思索。其实，我一直不喜欢被人冠以“文人”“才子”这样的称呼。不是觉得“文人”和“才子”不好，而是我不希望我的人生就是这么简单。随着职业生涯规划和人生定位的逐渐明朗，我发现人生永远充满太多的可能性。

我思考：如果我不和文字打交道，我能做什么？因为我被多次邀请去给一些学校和公司做讲座，我突然发现，我还可以做职业培训与人生咨询相关的事情。

有一次，我和一位美籍华人朋友在网上聊天。她说，我以后可以去做一个motivational speaker（人生动力演讲师）。这个职业在美国很流行。我当时听到她说这句话，突然感觉自己的人生更加明朗起来了。没错，我找到了一个新的人生“定位”：职业规划师。我不想被“定型”为一个只会“用手”写东西的人，我还要做一个能“用口”表达的人！于是，毕业这十年来，我做了几件事：当出版人、当作者、当大学兼职老师、当职业规划师、当企业内训师……

我不知道以后我的人生还会有什么别的“定位”，也许我还要做一个“用心”思考生活的人。不管如何，我都不希望自己被定在一个框框里。

印度前总理尼赫鲁说过这样一句话：“生活就像是玩扑克牌，发到手里的是什么牌是定了的，但你的打法却完全取决于自己的意志。”

没错，上帝发牌是随机的，我们分到什么牌就是什么牌，没有任何选择的余地和更换的可能性。当你拿到不好的牌时，请不要一味地抱怨。因为那对于你没有半点用处，也不会因为你的抱怨而令现状有所改变。你能做的，就是如何调整好自己的心情，将自己手中不好的甚至还有点糟糕的牌优化组合，并力求把每张牌都打好。

我读过这样一个故事。

在一个地铁出口，有一个乞丐模样的年轻人站在那里卖钥匙链。一名商人路过，向他面前的杯子里投入几枚硬币便匆匆而去。

过了一会儿，那位商人回来取钥匙链，说：“对不起，我忘了拿钥匙链，你我毕竟都是商人。”

几年后，这位商人参加了一次高级酒会，遇见了一位衣冠楚楚的老板向他敬酒致谢，并告知说：“我就是当初卖钥匙链的那个年轻人。”这位年轻人生活的改变，其实就得益于商人的那句话。

定位于乞丐，你就是乞丐；定位于商人，你就是商人。当年轻人以商人的心态来看待自己时，他就成了一名成功的商人；当年轻人把自己当成一名乞丐时，他一辈子就是乞丐了。

你的未来谁都无法预测，请不要轻易给它一个结果。

一个自由的心灵才能真正把你的人生带到更精彩的境界，你才能在职业生涯上一路飞扬、勇往直前！

今天的我们该“拼”什么

●辛晓磊

刚刚过去的毕业季，关于就业的报道与讨论不绝于耳。教育部发布的官方统计数据显示，2015年全国高校应届毕业生总量达到749万左右，就业压力越来越大。在你终于过五关斩六将成功签约步入职场后，又该如何适应职场的环境呢？有人说，如今的职场就是要“拼才华”“拼颜值”“拼爹”……那么今天的我们到底该拼什么？

我是2013年1月毕业的，毕业的时候还没有签下工作。此前，我在出版社、报社、杂志社实习过，工作从转换电子书稿件的编辑，到采访、写稿、做版的记者，再到审稿、编辑加工稿件的学术期刊编辑。尽管实习经历并未结出硕果，却也为我后面的工作打下了坚实的基础。后经多次笔试、面试、实习期考核等诸多

“关卡”，我终于在2013年8月正式入职一家报刊社，拿到了所谓的“进京指标”。作为一个外地人，我深深觉得人生就此幸福起来，终于“留”下来了，然而想要“留”得长久，却不能止于此。

用“打好杂”的心态去做事

我所就职的部门是总编室，是总社的业务管理部门。我的工作内容涉及管理类与采编业务类，同时兼任评论部评论员，常有各类临时任务压下来，工作之初常感手忙脚乱、不知所措。从一系列会议、活动的策划、组织工作，到新媒体平台有关内容的组稿、编辑加工、平台维护与优化；从通知、纪要等各类公文的撰写，到申请项目的各类预算及文本撰写；从每日的新闻简报、舆情分析，到每周的评论撰写……我觉得自己的工作“杂”到了极点，遇到有人问及从事哪部分工作的时候，我常常说自己是打杂的，什么都做。然而，经过一段时间工作，自身的角色也在慢慢地转换。我发现所谓的“打杂”，其实没有什么不好。

因为我所撰写的稿件类型各异，所以我常常抱怨不同稿件的切换要让自己“人格分裂”了。然而，正是由于需要拟写、修改和完善不同类型的稿件，才使我的文字表达能力得到了极大锻炼和提高。

因为工作内容繁杂，所以我必须要细心、细心、再细心。总编室的工作也常常需要同总社各部门、各报刊社打交道，不允许出错，所以，久而久之，我的沟通协调能力、表达能力都得到了极大的提升，自己也少了刚入职时的那份急躁，更多了一些耐心和细致。而这些工作习惯的养成、能力的提升，无论是对于传统媒体的编辑，还是新媒体编辑都是不可或缺的。

记得在入职一年多后，偶然与同事聊天得知，因为我的踏实、认真、细致，在实习期即将结束、最后留社的投票中，多个部门的领导都对我较为认可。而在入职近两年的年度评优中，我都被评选为“先进工作者”。我不是那种八面玲珑、口吐莲花的人，也常因为工作内容多而喊累，但是我所付出的终究会有所收获，而这些收获会促使我不断成长。

蜚声美国的大企业家艾科卡曾在其自传中说：“我用25年时间为福特工作，就是为了最后5年大干一番。”每个人的一生，可能多半时间都在打杂，只有有了机会，才能做一些重要的事情。有人说“‘打杂’可以理解为，为学武功而为师父扫地倒尿罐；也可以理解为，初生牛犊为自己的无知付出的代价；也可以理解为，和企业建立亲和力的过程。只有经历这样的‘打杂’，企业才可能认可你的才干。”所以，亲爱的你，不妨放下骄傲的光环，用一颗“打好杂”的心去做事。

专业素养不能丢

如果你认为自己毕业了、工作了就是学习的终点，终于不用研究那些枯燥的理论，终于不用翻看各种各样的专业书，那你就大错特错了。因为工作起来你会发现，在校园里、课堂上所学的，还远远不够支撑你的工作所需。就在我入职的第二年，总社开始开拓新媒体业务，无论是微博、微信公众号，还是APP的运营与维护，都需要专业技能的支撑，只有自己“专业”了，才会赢得更多的用户与读者。所以，大学毕业只是一个学习阶段的结束，而工作却是另一个学习阶段的开始。

首先，无论你从事的是多么基础性的工作，都在要工作之余不断为自己充电，不断提升自己的专业素养，因为这是支撑你走得更长远的关键所在。其次，一些与自己职业发展密切相关的考试、培训也应适时关注，如记者证考试、出版职业资格考试等。此外，应利用业余时间，广泛扩大阅读面，提升综合素养。虽然书籍不能直接帮你解决问题，但是却能为你解决问题提供不同的视角。

我工作已经两年了，常常因为读书不多而感到力不从心，时间越久，这种感觉就越发强烈。因此，不断持续地学习才是我们成长与发展的不竭动力。新东方教育科技集团董事长兼首席执行官俞敏洪曾言，年轻人要读书，因为确实只有书中的思想才能够引导你走向未来。年轻人需要大量地读书，只有各种思想冲击碰撞以后，你才会通过自己的独立思考形成自己的世界观、人生观和价值观，你才能成为世界上优秀思想的集大成者。所以，亲爱的你，即使工作再忙，也克服一下懒惰与懈怠的情绪，认真读书吧！

不是人人靠“拼爹”

如今，似乎浮躁的人越来越多，有人一遇工作不顺心、爱情不顺利，便会抱怨“我没关系、没人脉、没背景、没颜值，没有个厉害的爹可以‘拼’……”，而这样的抱怨又往往能够获得不在少数的反馈。知名主持人白岩松有篇文章叫做《不是人人靠“拼爹”》。他说，“生活中不要去相信大家都在那儿‘拼爹’，要去相信更多的正向的东西。我就是一个例子：从大学毕业一直到今天，一路走来，我没有为求职和工作的变动送过一分钱的礼。我遇到了很多贵人，要去相信生活当中这样的人很多，大家不是都在那儿‘拼爹’。”

也许你会觉得，白岩松讲的那是20世纪80年代的事了，现在已经不可能了。但是，我用自身的经历告诉你，当今社会，也许“拼爹”的人还大有人在，但是真的要相信不是人人靠“拼爹”。曾经的我还在为如何顺利完成学业而担忧，为了不伸手向家里要生活费而困扰，我是个不折不扣的没有关系、没有人脉、没有个厉害的爹可以“拼”的外地人，但是我没有因为这些而放弃努力。如今，我依然靠着自己的努力踏实而坚定地向前走，工作稳定、家庭温暖，且即将为人母，永远相信美好的事情即将发生。

今天的我们该“拼”什么？亲爱的你，知道了吗？

保持好奇心和学习力

●沈世婧

2013年年底，我正式进入《出版人》杂志社实习。彼时，我还是一名研二的在读硕士研究生。在此之前，我从未有过当编辑、记者的经验，甚至我本科时的专业也与这份工作毫不相干。和大部分刚实习的新人一样，我只是一只小“菜鸟”。但从踏入杂志社开始至今，我明白，在传媒行业最重要的并不是所具有的专业背景，而是一颗蓬勃的好奇心和强大的学习力，以及无人能够阻挡的兴趣。

真正的工作与校园的学习往往是有差距的，这种书本和现实中的距离，让我开拓了眼界，并快速成长；同时，也让我意识到，一本杂志的诞生过程并不像想象中那样简单。从寻找选题开始，到规划写作内容、拟定采访提纲，再到采写工作和后期的编辑加工、上版校对，最后100多页的杂志正式出版，它凝聚了杂志社每一个人的创意灵感和辛勤汗水。我从以下几个方面对自己的工作经验和经历做一个梳理，希望对即将踏入传媒业的新人有所帮助。

首先，谈谈选题策划方面的事。和所有的媒体一样，提出一个好的选题并且得到肯定，然后再去一步步统筹实践，是在传媒业工作中至关重要的一件事，也是在完成一期杂志之前首先要做的事。一个灵活的头脑和充满创意的思维比你的妙笔生花更重要，这是我进入单位后体会到的。在这个世界上，并不缺乏会写作的人，但缺少对行业有观察力和敏锐度高的人，因为他们能随时根据自己的专业性和前瞻性，提出好的选题，而正是这些选题决定了一期杂志水平的高低。作为一名媒体新人，我没有害怕把自己认为合适的选题告诉每一位领导和同事，他们不断提出的质疑能让我将一个选题打磨得更好。正如去年我曾在选题会上提出做一期关于独立书店的封面报道，但由于选题构思不够细致，具体内容和方向还比较模糊，因此也一直未能真正付诸实践。在今年，我结合当下关于书店的热点，从几个不同的角度再次提出做一期独立书店“复活”的选题，最终成就了一期杂志的封面报道“你好，书店”，收到了很好的效果。

此外，作为一名记者，采访和写作是我最本职的工作任务。此前，我没有做记者的经历，因此初到杂志社时我将每一次外出采访的机会都当做学习、锻炼的好时机。经过一年多的“实战”，我发现，做每一次采访都会使自己变成所要报道领域的“小专家”。为了使每一篇报道的内容丰厚而专业，应做好充分的准备和做尽可能多的案头工作。比如，在采访之前，与采访对象、事件相关的信息，做到胸有成竹，然后在写作前将自己的学习和感悟内化，再把知识结构清晰地传递出来，我很享受这个过程。当然，你需要对这个专业抱有强烈的兴趣。

有一次，我出差参加全国图书馆馆配会。而这我之前我对馆配市场的相关认知很少，因此为了在现场能够很好完成采访、找到亮点，并且在后续的写作过程中，做好分析，让读者能清晰地看到此次活动的重点，以及未来馆配的趋势，我利用了一周的时间来做案头工作。我深入地了解这个行业的兴起、发展和现状，以及未来可能的发展方向，做到心中有数，在后续的采写中就变得非常顺利了。当这篇报道出来之后，还在包括商务印书馆等出版类门户网站上得到了转载。这些体验，在我的每一次采写工作中都有所体现，包括我所主要负责的有关少儿类出版产业板块的报道等。因此，成功地出版每一期杂志，也使我对不同的知识领域有了一次全新的认知过程。

工作至今，在领导和同事一路的引导和帮助下，我总共完成近40余篇文章的采写工作。其中，我分别参与了以“自媒体”“BAT传媒版图”“科幻文学”“在线教育”“独立书店”为主题的封面报道。在采写的过程中，我也获得了领导的肯定，在单位曾获得“最佳产业报道奖”和“最佳文章奖”，这些成绩无疑给了我很大的鼓励。2014年年底，通过努力，我借知名华人导演吴宇森的太太出版新书的机会，争取到了专访吴宇森和他太太的机会。在一个小时的访谈中，我第一次近距离感受到一位名导演的思维和谦逊的品格。这次采访也让我对采访本身有了一个全新的认识，即不论采访对象是谁，都要暂时忘却他本身所拥有的光环，坦诚、专业地完成工作。接下来，我又为2015年第一期封面报道采访了中国科幻文学界大师刘慈欣。由于当时他正处于媒体报道的焦点，因此要采访到他很不易。我努力了两个星期，才在一天晚上22点采访到了他。不过当文章发表后，收到了我所预期的效果，让我感觉所有的付出都是值得的。

在采写过程中，我也遇到了不少困难。记得一次写“BAT强悍版图”的两篇封面报道，在采访百度和阿里巴巴的过程中，由于对方态度不明确、不配合，最终导致采写工作不能按时进行，让我觉得这次采写不能如期完成了。但主编的鼓励让我在今后的每一次采访中都做到了尽自己的最大努力。他说：“对方不愿意接受采访，对方答得太官腔，这些都不是一名合格记者的借口。只有遇到困难向前冲，不要退缩，才能成为一名优秀的记者。”

在硕士研究生的学习阶段，我的专业是出版，而编辑正是出版专业一项重要的基本功。刚开始，我只负责写稿件，但慢慢地，我也开始编辑一些稿件。编辑稿件对我的写作是一种非常好的帮助，它能让我从别人的稿件中发现一些“轻重缓急”，发现自己在写作中的一些盲区，有助于提高自身的写作能力。2014年中旬，我开始正式成为杂志一些固定栏目的责任编辑，负责栏目稿件从一开始的选题策划到编辑加工，直至最后上版呈现。栏目就是我的“责任田”，我要负起责任，让这块“田”得到最好的耕耘。

2015年4月，我承担了杂志社与美国《出版展望》杂志为伦敦书展和美国书展所办的英文专刊的责编工作，这对我来说是一个不小的考验。一方面，组成专刊的十几篇稿件都是英文稿件，其中一些文章还带有很多数据和表格，这就需要在后期编辑、校对时，认真、仔细地一一核对。从每一张图片的选择，到最后大封面的呈现效果，都是需要深思熟虑、权衡考虑的。当数码打印的样刊放在我面前时，一种成就感油然而生。幸运的是，随即我被杂志社派去参加伦敦书展，负责现场杂志发行工作和书展的报道。我独自前往伦敦。在书展上，我及时从现场整理好图片，编辑好文字，以近乎直播的方式第一时间将书展的情况通过单位的微信平台展现给大家，获得了业界人士的肯定，也发掘了一种以前没有的新颖的报道形式。敢于创新和不怕吃苦，使我成功应对了一些从未经历过的挑战。

在杂志社这个媒体平台上，我得到了以下几方面收获。第一，我找到了自己的定位和角色。杂志社让我有机会对感兴趣的话题进行深度挖掘，探索在出版业的一线；让我站在一个观察者的角度来观察出版业乃至整个文化产业。这和以前作为一个学生的视角是不一样的，它让我在思维上更加成熟，对行业的思考也更加敏感，使我的专业素养得到了提升。第二，我各方面的本领得到了锻炼。在不断地采写过程中，我提高了自己的工作能力。在独立出差的情况下，我也逐步养成了严谨思考、独立判断、自我完善、自我协调的能力，对我今后的人生发展起到了至关重要的作用。第三，团队合作的精神。得到了提升一个栏目，从策划到最终成形，都凝聚着团队的智慧，效率更是可贵的。在信息获取、决策、执行任何一个环节反应迟缓，机遇就会稍纵即逝，因此需要所有同事的积极配合和及时沟通。第四，因为工作的性质，我在采访和交际中拓宽了人际关系，积蓄了宝贵的资源。他们不仅能成为我工作中的良师益友，而且与他们交往所获得的宝贵经验，更是我人生历程中一笔不可多得的财富。

现代传媒人当以执着和创新作为自己的“助推剂”，以谦虚和谨慎作为自己的“刹车板”，始终冷静、全面地思考问题。如果你想进入传媒行业，首先问问自己，有没有足够的好奇心和学习力?

我与出版的那点儿缘分

●白　姗

我从初中就喜欢上了电影和美剧。我大学唯一乐意学的专业只剩下英语了。所以在毅然决然学了两年英文的历史、语言构成等并不轻松的课程之后，我决定先提前利用实习的机会练练手，感受一下未来职业的发展方向。在我的传统认知里，一般学英语的职业分类大概有三种：翻译、老师及其他。而对于这个其他，我基本上没什么概念。

所以为了可以提前给自己找个合理出路，我打算把能尝试的行业在毕业之前都尝试一番，这样在踏出校门的那一刻，我也算是用排除法找到了人生新目标。从大三开始，我当过剑桥英语的代课老师，做过公司的坐班翻译，但发现那些都不是我可以长久坚持下来的职业后，我便立刻漫无目的地海投各种简历。在面销和电销的磨炼过后，我终于鼓起勇气，借着自己“印刷学院毕业所以在英语方面比较偏出版”的说法，转身进入了出版业。从来没想过，只是几堂版权法的公共专业课，让我从毕业之后再也没有离开过出版圈。

最先干和出版最贴近的工作，是一家杂志社的主编助理，只因为喜欢一个作者。所以热情来源于迷妹心理，跟出版挂不上钩，干的也大多是行政方面的工作，基本与文字无关。工作干到毕业三个月，投资方转战别的领域，大家散伙。随后，我机缘巧合地进入了一家民营领域的龙头出版社。当时，本着可以看英文书，挑选有趣选题，做成中文版图书的心理，我毅然决然当上了版权助理。但很快发现，挑选题基本都是编辑自己就搞定了，压根轮不到我这种“流程妹”，于是我那躁动的小心情又有些按捺不住了。三个月的实习期还未到，刚巧接到英国某出版社伸来的“橄榄枝”，对于这个只在课堂上听说过，传说中超洋气的英国出版社充满了莫名崇拜，没有经过任何多余思考，为了抱大腿，义无反顾地在接到正式入职通知的那一刻，我拿着offer递上了辞职申请。

就这样，毕业后半年，我来了这家英国出版社，在这里一直待到今天，快三年了。

进入公司，才发现自己的眼界有多小，这个出版社为我打开的图书世界到底有多大。我不仅被工作环境所感染，也在无数外版书的包围中，对每一段未看的文字充满了好奇。我在这边的工作依旧是与版权相关，主要负责英文版权书的销售，而我的工作角色也从之前的买方，变成了卖方，坐拥无数的好选题，整个人都硬气起来。虽然身在图书行业的人每日都在抱怨，自己是干着卖白粉的活，挣着卖面粉的工资，但依旧停留在怨气阶段，却没有一个人愿意离开，主要就是对图书的热爱。

这里的工作环境很单纯，没有尔虞我诈，没有多余的废话，所有人都埋头看书，买书，卖书。图书行业的包容性很强，想要进来，门槛并不高。如果你爱看书，对作品有自己的感悟，基本就可以跨进这个门槛，但是想要成为一个成功的编辑，或一个被人知晓的出版人，绝不是做出几本畅销书就可以解决的。

在出版界的短短几年，让我整个人变得安静了许多，除了保有原本矫揉造作的那点文艺青年范儿以外，更多了几分细腻敏感和踏实的工作态度。版权的工作流程烦琐，要同时跟进很多项目，每一个项目的进度又很不一样，需要多任务处理的能力。因为是一家英国出版社，所以在沟通往来中，通常大多是英文交流，无论从哪方面来说，对我都充满了挑战，也有很好的锻炼机会。在版权会议上，我们还经常需要和出版社聊书，根据他们感兴趣的方面推荐适合的选题。为了做到一针见血，并提高成交的概率，就需要对书籍本身多加了解，扩大阅读量，并增强对图书行业流行的敏感度。

在我做版权的过程中，曾经遇到过一家让我很感动的出版社。与我联络的编辑年过半百，但却一直不停地奔走于各大书展的展台，出版自己喜欢的图书。我们合作的伊始来源于兰登的一本书，名为《fifty years of silence》，讲述的是美国一名少女在二战期间为日本人做慰安妇的事。九十多岁的她在沉默了五十年之后，完成了这部作品，书中包含大量历史资料和照片。这本书中内容的审核和图片的筛选着实耗费了我们很长时间，与外方的沟通也屡次出现“瓶颈”，但这位编辑从来没有一次退缩。他花了大量时间，做了很多幕后工作，联系了各家代理和版权方，原因就是为了出版这本好书，可以分享给国内读者。最终，他不但找到了比原版图书内容还要丰富的历史资料和图片并将其加入书中，甚至还联系到了纪录片方，在书后增加了视频光盘的内容。出版一本书，对于编辑或者出版社来说，没有多么高的利润，几年的努力也可能只有几十块钱的建议零售价；但对于读者来说，最后得到的阅读体验，才是所有出版人最为重视的。

我后来抓住了出版社内部调岗的机会，转到了编辑部，成为一名大众图书编辑，彻彻底底成为做书的人。这样的成长对于我来说是跳跃式的。因为我没有任何经验，只能凭着一腔热血和偶发的灵感战斗在目前的岗位之上。但我坚信，只要拥有对出版的热忱，就可以成功地将想要展现给大众读者的内容完美地展现出来。我已经准备好全身心投入到新的工作中去。当你从书店的架子上拿起一本书的时候，希望你可以体会到纸张背后所有出版人的坚持和笃定。进入出版圈子很简单，但你一定会因为不舍而再也迈不出离开的步子。

漫谈编辑记者需要具备的素质和能力

●林爱庆

因我所在的单位是住建部直属新闻单位，属于行业期刊社，所属的两种刊物均已创刊六十多年，刊名分别由邓小平同志和朱德同志题写，所以期刊历史比较悠久；同时，又因为是纸质媒体单位，工作环境和工作流程相对来说也比较传统，大学学习的课程都有所涉及，在此不再赘述，只谈谈我对传媒行业对编辑、记者工作能力和素质要求的理解。

一、增强采访与写作能力

传媒行业的编辑不仅需要编辑校对、选题策划、约稿组稿的能力，而且还需要独立采访、写稿的能力，最好一人能身兼数职，能独立完成一项工作。对我个人来说，这是我在大学学习中所忽略的。

采访，首先需要对被采访人的背景资料进行深入的调查了解。最好能做到即使采访前未曾谋面，但你对被采访人的了解就像对自己的朋友一样。只有这样，才能在采访过程中做到与被采访人充分交流甚至共情，营造良好的采访氛围，被采访人也会更愿意与你配合和畅谈。总而言之，采访前你准备得越充分，采访成功的把握也就越大。

其次，你要了解被采访人所从事的工作或行业。只有做到充分了解情况，采访时你所提的问题才会更有针对性，采访内容也会更有价值。尤其是在被采访人的工作专业性非常强的时候，一定要做好“预习功课”，不然你的采访问题不是没有价值就是问不到关键点上，甚至还会问错。在这种情况下，配合的被采访人可能会当面指出，并主动表达自己想说的内容，但多数被采访人会因为记者的不专业而“懒得”回答。如此一来，不但采访不到有价值的内容，而且整个采访工作的努力就会付之东流，还有可能因为被采访人对记者的印象不好而断绝以后来往的可能性。

最后，要有意识地多学习新闻学专业的相关知识。这要求包括提高自身的新闻敏感性、新闻采访的提问技巧及其他知识。这是我在大学学习中没有很好掌握的技能，也是我个人认为编辑出版专业学习中需要进一步重视和强化的部分。

写作能力的重要性不言而喻，当然此项能力的提高也不是一朝一夕的，但自己要有意识地去培养。请记住，好文笔犹如尚方宝剑，是你行走在这个职业中最有力的武器！

二、养成持续学习的习惯

人们常说“干一行要爱一行”，而我说光爱还不够，还要干一行懂一行。行业媒体的编辑自不用多说，懂行才能做出真正专业的内容。比如，我们的杂志涉及内容几乎涵盖了住建系统的各个行业，包括住房保障、城市规划、城市建设、村镇建设、建筑施工技术等，每一个行业都是专且深的领域。即便做不到专业，栏目编辑也必须通过经年累月的积累和学习，做到了解和熟知对所负责栏目的领域。但无论是传统媒体还是新媒体，编辑都必须熟悉所负责的版块或栏目的领域，起码做到半个专业人士才算达标。即便是负责八卦栏目，也须知道八卦传播原理、读者喜欢的八卦类型，以及八卦来源的渠道类型等。

此外，社会各个方面都是在不断发展和进步的，客观上也要求我们持续不断地更新知识储备。所以，务必要养成一个不断学习、不断进步的良好习惯，“活到老，学到老”是看似空话的最大实话。

三、学习人际交往技巧

编辑、记者不仅要懂文字，更要懂人。因为无论是采访、约稿，还是与同事相处，都需要与人打交道，这就要求我们必须懂得一定的人际交往技巧。

从我个人的经历来说，这可能也是我在大学时代忽略培养的技能之一。大学时，虽然我也担任过班长、团支书，参加过社团，有自己的朋友圈，跟本专业或其他专业的同学们相处得都还不错，但因为从小的家庭教育在这方面的培养意识比较淡薄，家长总觉得学习成绩是第一位的，其他都是次要的，导致我在与人际交往方面的能力比较薄弱，尤其是跟异性和跨年龄的人交往时，更缺乏技巧和方法。虽然我在参加工作后，随着个人经历和阅历的增长，与人交际的能力已经有所提升，但是如果有意识地尽早自我培养，那么我个人的成长必然会受益更多。

就拿上文所提到的那次采访来说，采访前的联系、采访中的交谈、采访后的关系维护，都无一不涉及交际技巧。良好的交际能力是拓展和积攒人脉的所必不可少的，对于编辑、记者来说，这关系到你能否约来高质量的稿件，能否约到独家采访，能否将大选题落实下去等。

当然，技巧永远属于方法论范畴，是锦上添花的招式而已，关键的还是内功，即个人能力的高低，以及是否具有优良的品性。

最后，祝愿在校大学生们都有一个美好而充盈的大学生活，在这四年里，恣意地绽放青春，放手地尝试探索，在未来的某天回忆起来，满满的都是怀念和无悔。青春当如此！

从全国“两会”中跑出“幸福感”

●何孟洁

2011年年初，一场大雪过后，我接到报社的通知：“决定你去跑今年的全国‘两会’！”我心底一阵欢呼雀跃。

跑全国“两会”，意味着去贴近代表委员议事论政的窗口，去倾听涌动的社情民意，去感受思想智慧的汇集，去卷起新闻媒体大战的硝烟……那是一个广阔的舞台，可是对于初出茅庐刚刚工作一年的我来说，既没有成熟的经验，又没有熟悉的采访对象，要跑什么？能跑什么？欣喜之余，我不由得感到几分紧张。

听媒体前辈们说，跑“两会”可是个“技术活+体力活+脑力活”。“抓”代表是头等麻烦事，代表团驻地分散，活动频繁，代表们在长期与媒体打交道的过程中都学会了“隐身术”。此外，还有随团新闻联络员冷冰冰的脸，代表的联系方式、住哪个房间，甚至长什么样，都无法得知……想到这些，心有戚戚。但对于机会的珍惜让我对这次工作更加用心，也让这次经历带给我的收获颇多。

背后的功课

记者前辈们留下的往届代表名册成为我们提前预备的“宝典”。翻阅材料，发现人大代表们均来自不同阶层和不同领域，因此采访前对于代表背景的了解显得尤为重要，遇上的每位代表时必须有话可说。

前辈们耐心地给我传授经验，让我这颗忐忑不安的心逐渐平定下来。为了让自己准备得更加充分，能沉着冷静地上“两会”，在“两会”召开前夕，我与一同上会的几名记者不断沟通，确立选题、圈定代表、搜集材料，了解我们的采访对象、了解他们所属领域，这个过程让我受益匪浅。各个区域的气候特点，以及过去不太了解的农业、林业和水利等行业信息，都通过连日来的积累，慢慢在脑海中沉淀，思路日渐清晰。

意外的收获

“跑‘两会’”，跑的是速度，是节奏，是效率。可以慢慢聊、细细说，但必须跑起来、抢出去。上会刚两日，在每场新闻发布会上，记者争先恐后地提问与各媒体之间的激烈“火拼”，都给我留下了深刻的印象。

在被点名提问却遇话筒屡遭“拦截”后，我与同事们互相鼓励，更加坚定要在“两会”采访报道中“豁出去”的想法。巧合的是，从会议第三天起，好运开始向我们频频招手。我还记得第一次站起提问的激动。在内蒙古代表团的记者会上，我作为第一名到会记者，踊跃地举手引起内蒙古自治区党委书记的注意；还怀念“不打不相识”的姐妹——在陕西代表团，当主持人将话筒递向我，突然被旁边媒体记者一把抢住，我俩寸步不让地拉开“话筒战”，最后以一人一问而告终。我还记得脚踏半空扎在人堆的兴奋。在贵州省代表团的新闻发布会即将结束时，我毫不犹豫地冲上主席台，抓住最后时机向栗战书书记提问；还记得在最后一个记者会上发出声音时的颤抖——我适时提出的防灾、减灾教育问题得到了在场教育专家们的一致认可。

记者的天职

"跑'两会'"，就是在倾听、在集纳、在播撒。一份份献言献策的建议提案，作为上会记者，就要做那个如饥似渴阅读、誊抄、传播的人。看代表怎样履职代言，怎样行使权力，从他们的口中感知社会改革、记录事业发展，去粗取精、追根溯源，我想正是"两会"记者的职责。

当怀揣忐忑的心顺利敲开第一位采访代表的房门，之前的所有顾虑开始褪去。与采访对象的"狭路相逢"，或是幸运约上的深度访谈，都让我痴迷。采访基层农民，了解他们眼中的"天气预报"；采访行业专家，关注最新的气象科技成果；采访农林要员，倾听他们对未来事业的共同谋划；采访政府领导，发掘当地的气象服务需求；采访老师、校长，了解校园中的防灾减灾教育；采访医生、企业家，聊聊他们所熟悉的气象……

在"两会"这个新闻"自助餐"上，与各路精英对话，让我如饥似渴、酣畅淋漓。10余天的早出晚归也让我们捧回了"果实"——"两会"期间，我和同事两个人共采访了40余名代表，传回个人稿件27篇、图片30余张。每一次采访都有不同的收获，这种收获是填补知识空缺的欣喜，是自我提升的激动。

幸福的沉思

跑“两会”的经历，在艰辛中有背后默默的鼓励，在失落中总能再次遇见希望，肯定、鼓舞、扶助、配合，让我一路跑出了“幸福感”，也让我再次深悟“新闻在路上，记者是行者”。

过去曾听前辈说，当记者要做到“五到”：耳到、嘴到、腿到、眼到、手到。好新闻不是道听途说来的，更不是编造出来的。现在看来，此话确是良言。“两会”上随时随地都有可能出现“猛料”，要求记者眼疾、脚快，让大脑国的每根神经都活跃起来。所以，记者要做到一个“勤”字。

对于一些需要深度剖析的事件，仅通过电话采访恐怕不行，需要跑，需要在场，需要掘进，需要体验。根据不同的采访对象，要采用不同的采访方式，综合应用面对面采访、邮件采访、电话采访等。职业离不开激情，记者要有一股“钻”劲。

采访前，需要静下心来定选题、熟悉行业、查阅采访对象的相关资料……参加“两会”采访的经历告诉我，这些背后的“功课”，做得越足越好。记者只有大量充电、及时补充相关领域知识，才能保证采访、提问和报道的顺利流畅。记者要有不怕坐“冷板凳”的“沉”气。

在2011年那短短十多天的“两会”期间，我和“战友们”用文字和图片将前方代表委员的声音及时传递，在与时间赛跑、与代表委员沟通的过程中，跑出了属于我们的精彩，也从中发现自己在选题策划、采访报道等方面还需要继续不断掘进和提高。

作为一名媒体人，要始终怀揣一份对新闻的热忱，努力做到将最真实、有价值、有深度的报道带给每一位读者。我将带着跑“两会”的那份冲劲与用心，带着对新闻的热爱，一直“跑”下去。

用细心化解“矛盾”

●崔灵菲

“为他人作嫁衣”可谓是对“编辑这一职业最好的描述；同时它也这一语也道出了编辑行业的定位：服务，为作者服务，为读者服务。

先抛开为读者服务不谈，只谈为作者服务。在这个自费出版盛行的时代，自费出版似乎更加深了编辑与作者的“矛盾”。因为作者不懂出版，却因为负担了出版费而对编辑“指手画脚”。在《一个编辑劳工的苦水经》中，简媜女士曾提到，在一次非正式的口头调查中，当十位从事编辑工作的人被问道：“最想‘暗杀’的人是谁”时，有九位痛快地回答：“作家（含译者）”。虽然这个问题是调统性的，但也充分说明了编辑与作者的“矛盾”有多深。那么如何处理这些“矛盾”，让大家起码“相安无事”呢？我想就需要编辑用细心去化解矛盾。

一位学姐因职位变动，把她原先联系的一位作者留给了我。我按照社里的流程，让这位作者先填写选题单，我再根据他所提供的选题单来报选题。但当我看到他填写的选题单时，大惑不解，一头雾水：地理方面的专著，20万字，作者要求选用大16开（210mm×285mm）！我觉得这位作者一定是弄错了，便把社里常用的16开本的成品尺寸又告诉他一遍，试探着问他是否填错了。作者很肯定地说：“没错，就是大16开，之前在你们社出版的大32开的书，开本太小了，像是一本小册子，我就是想要大开本的！”我心想：好吧，难道是书稿里图多，要出版地理画册？

接下来的出版流程走得很顺，我想因为毕竟是第二次出版专著的作者了。但是在图书开本的选择上我仍无法释怀。在发稿前，我决定再问一次。不过，这次我换了一种方式，让作者选择一本心怡开本的图书，然后用尺子量后告诉我宽×长。天啊！作者告诉我的尺寸竟然与我社异16开（240×170）的成品尺寸差不多。作者之前根本没有理解成品尺寸是什么意思，只是想他之前出版的图书开本小了，这次要选用大一点儿开本的16开，实际上他完全混淆了“大一点儿的16开”和“大16开”这两个概念。惊讶之余，我一身冷汗，还好多问了一句，否则就要闹大笑话了！

作者最“痛恨”编辑擅自改动他的稿子，哪怕是一个“的”，哪怕是一个“，”，哪怕是一个“……”，数数看，六个点，少一点都不行。这句话显然是夸张了点儿，但也道出了编辑与作者的“矛盾”。这一点在学术上小有成就的作者身上体现得尤为明显。“尊重作者，忌强加于人；改必有据，忌无知妄改；依据规范，忌滥施刀斧。”从北京印刷学院出来的编辑，这点儿编辑加工的基本功还是有的，但是知识性的差错必须“千方百计”地予以修改。

在一本植物学专著中，在一幅地图中有“唐晋—葛沟断裂”“唐晋”这两个字怎么看怎么别扭，便在百度上检索，结果没有检索到相应的词条，但检索出来很多“郿郚—葛沟断裂”“唐郚—葛沟断裂”，我便在稿问中询问了作者。作者很笃定地说：“没错，××较权威的书中就是这样写的，应该不会错的！”我只好接受了作者的观点。因为那时候和作者争辩没有任何意义，我的猜测也是来自于网络上的检索结果而已。

但是这件事我并没有忘记，在稿件三校时，恰逢作者来北京开会，我与他见了一面。寒暄之后，我再次提及此图中的问题，这引起了作者的重视。回去后他再次查阅了相关资料，确认应该是“郿郚—葛沟断裂”，并感谢我的细心。从这件事中我得到了以下两方面的收获。

稿问要写成直有、易懂似的，让作者做选择题，而不是主观题。因为你说这里有问题，让他修改，他看不到问题，或者根本不知道怎么修改。完美的稿问就是告诉他怎么修改，让他给你授个权。

看专业性强的稿件时，最好询问作者有没有相应的数据库或网站，这样遇到问题时检索起来不仅方便，而且权威。如编辑上述植物学专著时就可以参考《中国植物志》（http://frps.eflora.cn/）。

作者资源对于编辑的重要性来说不言而喻，所以编辑很重视自己的作者资源建设。策划编辑为了保护自己的作者资源，一般不让文字编辑直接和作者打交道的，双方的意见都是通过策划编辑来传达的。

“传话”本来就会存在偏差，在策划编辑没有弄清作者意图时就让文字编辑编辑加工稿件，肯定是要做无用功了。新编辑做无用功是再正常不过的事情。在一本关于低碳发展的稿件中，作者以论文集的形式介绍了中国低碳发展的相关情况。策划编辑将书稿交给我编辑加工，于是我开始了辛劳的编辑工作。当马上就要完工时，策划编辑说作者还要修改下，要以章节的形式出版。我同意了策划编辑的要求，只要作者满意就好。两个月后，修改后的稿件回来了，体例结构完全改变，看来要重新编辑加工了。第二次编辑加工好不容易完成，稿件经排版初二校去了。结果，我又接到策划编辑的通知，说作者想看下编辑加工后的稿件。之后，得知作者还是不满意，他们想要的不是编辑进行简单的编辑加工，而是对稿件的结构等都要进行修改。于是，稿件再次返给作者修改。这次修改过的稿件又变成了上、中、下三篇的形式，内容也更换了近1/2。此时，我虽已无语，但还是进了第三次编辑加工。这次经历告诉我，必须与策划编辑进行充分沟通，不要盲目地编辑加工稿件，要在准确揣测作者意图、确定稿件“齐、清、定”后再进行编辑加工。

还有一个小故事是成功化解与策划编辑之间的“矛盾”的。某部门的一本关于企业创新政策的内部资料，在市场调研后证明其有很大的市场空间，故所领导决定把内部资料进行适当修改后公开出版发行。因我是该书前期作为内部资料时的责任编辑，所以作者把修改后的稿件直接发给我了。这时，策划编辑也对我说对稿件进行编辑加工后，就可以正式出版了。出于对该作者的了解，我多问了作者一句：“这本书的出版时间有要求吗？”作者回答：“当然有，下个月月底要见书。”可是，这个细节策划编辑根本没有告诉我，我以为策划编辑不知道这书要得这么急，便去跟他汇报这件事。但是他说他知道，只是没有跟我交代。我庆幸自己多问了一句，以至在时间的把控上能做到心里有数，不至于太过被动。这件事说明，文字编辑要仔细想、耐心问，把能想到的问题尽可能地问清楚。因为策划编辑一般是领导或者是资历深的老编辑，他们的事情一般都比较多，很容易因为工作繁忙而忽略或忘记一些细节。这就需要文字编辑提醒他们。比如，作者有无出版时间的要求，有无新增加的序言，序的作者有无签名体等。

总之，细心必不可少！

第二部分

发行人的故事

努力成为一个高水平的“手艺人”

●申永刚

记得雕爷牛腩创始人孟醒说过：“分享给更多人我昨天的招式，才能逼自己练就明天的内力！”所以借此机会聊一聊，作为一个在出版行业工作八年的营销编辑是怎样一种体验。我曾经从事过教材图书营销、古籍文献图书营销、科技图书营销、经管图书营销。可以说，我做过了图书这个行业大部分产品的营销工作，谈不上经验多么丰富，只希望写下此文是对以往工作进行一次复盘。用现在流行的说法，我觉得营销编辑像个“手艺人”，营销方案是营销编辑的作品，通过营销方案宣传的图书就是营销编辑的品牌。对于我们团队而言，最高兴的事情莫过于我们的方案通过一本书来实践，用销量和市场反馈两个维度来印证我们的方法是管用且行之有效的。努力成长为一个高水平的“手艺人”是我的奋斗目标，我在努力向这个目标的迈进的过程中。目前，我经历了非常重要的三个阶段。

第一阶段：硬件即软件

我于2006年3月来到出版社的时候，那时正值企业文化图书出版的“春天”，我学到的第一个理念是“方法总比问题多”，它影响并贯穿了我营销工作的始末。每每遇到难题的时候，这句话像弹窗广告一样跳出来，不断打消我想放弃的念头。之后，我幸运地相继接受了如《节约倍增效益》《工作就是责任》《执行重在到位》《企业员工的三大纪律八项注意》《用结果说话》等图书的思想的洗礼，这些理念潜移默化地变成我的人生态度。当看到《世界如此险恶，你要内心强大》这本书出版的时候，我觉得自己已经提前领悟作者要传达的精神内涵。

前一段时间，我跟"罗辑思维"的吴声老师聊营销方案时，他提到"硬件即软件"这个词。后来我把概念"偷换"了下，表达的意思是硬件是实体的，即行为；软件是虚拟的，触碰不到，即做出什么样行为是由思想控制的，而我所得到的这些职业素养，是我工作顺利开展的保障。

第二阶段：窘境

到目前为止，我有幸见证和参与了两千余本图书的出版，每年都会春种一批硬邦邦的优秀产品，待秋天成熟收获销量，但并不是每一年都旱涝保收。2011年的时候，我负责分社图书的线上电商营销工作。2014年年底，我做了一个统计，2012年分社网络书店的调拨数据同比处于近几年历史最低水平，记得当时也是我遇到巨大窘境的时候。

2011年是我熟悉线上电商"玩法"的一年，学会了很多规则和方法。比如，页面呈现、专题展示等。由于这些"玩法"都是在一个封闭空间之内完成的，因此没过多久就遇到了窘境——2012年继续之前的工作方式，我发现曾经有效的，现在不行了。很多图书推广重心被这些不变的旧有模式所绑架，尽管做了很多漂亮的专题、很多位置的呈现，却没能让图书换来等值的销售。2014年，我看到海尔集团董事局主席兼首席执行官张瑞敏谈“互联网思维”提到了一个理论，很适用于我自己当时的情况，一直记在心里，叫“均衡即死亡”。我的理解是，营销工作方法也有生命周期，而自己一直处于均衡静止状态，总会遇到窘境，寸步难行。不断通过调研而获得新知，是打破静态的唯一道路。

第三阶段：互联网思维

在此，不得不提及自己很喜欢的一句话，“见识比常识重要”。

2014年，我们出版了一系列符合互联网时代趋势的图书《互联网思维独孤九剑》《颠覆式创新》等，在不断颠覆传统思维的同时，又帮助自己建立起了新的认知；《玩转众筹》《日进3万3：微店这样开才赚钱》等图书在不断扩展视野的同时，又帮助自己学会新方法。即使失败了，也在试错的同时懂得了一种可能的失败法。在这个阶段，我的行为和思想都是开放的。

一个“手艺人”在成长过程中可能还要接受更多的挑战，然而用游戏感的心态投入工作中去，即使输了也不怕，再开一局，只不过从头再来！

最后，我想和你们这些即将步入职场的兄弟姐妹们分享一点作为管理人员，在招聘、培养新人过程中的一点看法。职业生涯的最初，是打基础，也是养成良好职业习惯的阶段。这段时间必须放弃所有的投机心态，踏踏实实地吃点苦。尽管你可能会抱怨不公，付出的劳动与得到报酬可能会完全不成正比，但以长远的职业眼光来看，早期职业生涯吃的苦越多，未来得到的回报通常就会越大。在这个阶段，报着投机心态的人，通常未来会吃足苦头。这就像种树，叶茂的基础就是根深。你很难相信一个没有扎实基础的人能走得很远，哪怕他运气好不小心得到了很高的职位，但也肯定不会永远做得好。因为做到高职位，学识和经验都是必备的条件；否则哪怕你做到了，也很难服众，也缺乏领导好一支团队的必要基础。所以，大家要在职业生涯开始的时候学会如何学到手艺，这样才能慢慢地就能成长起来，一定要努力成为一个高水平的“手艺人”。

别在最该奋斗的日子，选择安逸

●赵　鹏

离开校园生活后，我就无缝对接地迈入了出版社的门槛，成为市场营销部的一员。没有资历，所以我努力奔跑；没有人脉，所以我努力奔跑；没有翅膀，所以我努力奔跑。而今已入社七年，青涩不再，但执着依旧，从激情到沉稳，从二十追梦到三十而立，七年间有欢笑、有泪水，我带着最初的梦想一步一个脚印一路走来。

“发行并不轻松”——在奔波劳累中见业绩

2008年的秋天，我坐在出租车的前排，汽车在重庆崎岖的公路上飞驰。那是我第一次出差，参加工作仅三个月，还是个名副其实的“发行菜鸟”。带着心里的些许紧张，我开始了我的第一次实地工作。

去过重庆的人都知道，重庆山路崎岖，上坡、下坡非常多。重庆的出租车司机开车也称得上十分勇猛，他们精通于各种“见缝插针”的技巧。与我同行的是一位怀有身孕的前辈，她似乎对于作为一名发行人员的奔波劳累早已司空见惯，丝毫没有碍于身体的原因而放慢脚步。“这是书店的经理，这是专门负责法律类图书的采购。”她细心地为我引荐每一个人，她对每个书店的销售状况、店面情况，以及渠道管理等方面都有清晰地了解。而我知道，这正是她对工作认真对待积累而来的成果。几天奔波下来，我学到了作为一名优秀的发行人员所应具备的最基本素质和技能。在此后的工作中，我都以高标准、严要求鞭策自己，也促使自己在日后工作中即使遇到再多的困难也能知难而进。

可能有人认为，发行人员只是在办公室简单地发书、打电话、收款，既使出差也是和几个固定客户聊天、喝酒而已，但事实却并非如此。作为一线销售人员，我们要面对挑剔的客户，要背着沉重的回款、发货码洋、退货率、市场占有率等各种指标任务。往往这个月的回款目标刚拼死完成，下个月的计划回款额就要求上报；今年的庆功酒还没喝上，明年的销售目标就要落实分解。出差时，烈日炎炎下有我们，狂风暴雨中有我们，冰天雪地中也有我们。

截至2015年5月，我已累计出差409天。其中，2014年单年出差92天。出差的时候没有白天和黑夜之分，也没有工作日和周末之分。白天跑书店、晚上应酬、深夜配书开单是“标准配置”。我曾经有过连续出差25天以上，心理和身体上均达到极限的时候；有过馆配会被竞争对手压制到夜不能寐的时候；有过出差时因肠炎发烧两天而锐减十多斤还在谈包销书的时候；有过为了“农家书屋”项目连续三个月到其他省新闻出版局报到的时候；有过“五一”、中秋节、过生日出差在外不能陪伴家人的时候；也有每年看着体检表上自己谷氨酰转移酶长期居高不下的时候。但每当看到不断增长的销售数据，得到一单265万码洋的“农家书屋”订单，抢来更大的市场份额时，就感觉一切的努力都是非常值得的。

“销售就是要搞定人”——成为建立客户关系的行家

“刚哥您看，这是我们社最新出版的畅销书《赵氏孤儿》，电影马上就要同期上映了。目前，市场上同类产品还不多，这本书肯定会卖得不错。”“如果咱首批铺货量大点儿的话，折扣我还可以向社里申请。”这类话说了一百遍，磨破了嘴皮子，图书官网的文艺类采购最终还是只让我首发50本。但我并没有气馁，为了打开市场，我通过各种关系找到了四大书城负责文学的馆长和策划人员，从下往上做工作。我托了磨铁的朋友帮忙设计文案和招贴，根据不同书城的需求自费做了N个版本的宣传品，包括购书中心的电影院售票处都摆放了这本书的推荐看板，后面一步一步在各书城都打了堆头，最终使该书在这家官网上实现了1300多本的销售。

“销售就是要搞定人。”发行是一项与人打交道的工作，建立客户关系的能力非常重要。同时，还要做好服务工作，要敏锐地把握客户的需求，帮助客户解决实实在在的问题，最终成为客户信赖的销售顾问。在新的市场环境下，传统发行的“杯酒换码洋”虽然已经过时，但“人情”在销售环节中依旧起着极为重要的作用，所以用细致入微的服务赢得客户是提升销售的前提。

“想人之所想，急人之所急”——成为解决客户问题的能手

2014年，四川一家民营书店的老板找到我商量关于做天猫网店和第三方平台的事宜，与我交流了他的意见和想法。我那时没有相关的经验，只当成自己开网店那么简单，问客户、找朋友、上网查，想办法四处学习互联网销售知识和产品运营的方法；然后，再把自己学到的东西和一些想法与他分享。2015年年初，该书店天猫店上线。第一本花重金“开直通车”的产品就是我所在出版社出版的《中华人民共和国常用法律法规全书2015版》。这本书的2014版不到半年时间就销售了一千多册，所以我满怀信心地选择了它。但结果并不尽如人意，这本书在该店全年仅销售了33本。

通过这次失败的经历，我认识到对民营书店的服务工作需要我们经常站在民营书店的角度去思考问题。对于查货、跟踪物流情况、根据客户需求制作书目等工作，必须要做到反应快速、热情周到。书店的主要经营目标是盈利，因此发行人员要深入了解书店，以及书店下游重点客户的销售能力和渠道资源，将整个渠道网打通，然后把图书的产品特点与能给他们带来利益的卖点结合起来，最终帮助书店获得更多的利润。

营销的本质也是服务客户，服务工作只有做到想客户之所想，急客户之所急，这样在同质化产品竞争时才会获得优势。

心向往之，行必能至

回首过去的七年，我在前行的路上有过成功的喜悦，也有过失败的沮丧。在这个过程当中，坦白地说有过不少诱惑也有过动摇，但我依然坚信成功源于坚持和努力。也正是因为有了每一次失败后的反思和每一次成功后的总结，才使我在发行这条路上走得越来越坚定。下一个七年，我会继续奔跑在离梦想更近的路上。

最后，以一句心灵鸡汤与大家共勉："当你在荒废时间，有多少人在拼命。别在最该奋斗的日子，选择了安逸。"

我，在路上

●王富君

作者与读者见面、交流的意义在于不仅可以提高图书的销量，而且最重要的是能够为读者带来一次难得的机会，一次可以与作者面对面、深入交流和学习的机会。了解文字内容之外的故事，体味作者写作的感情色彩，这对当地的读者，尤其是学生读者们的阅读与成长有深远的意义。我作为社里负责四川片区的业务经理，邀请了出版社的作者熊老师前往成都地区，走近读者、走进校园，为读者和作者提供了一个良好的交流机会。而这次活动的成功组织，对我来说也有深刻的意义。从邀请作者、策划活动这些前期准备，到布置现场并联系书店等具体事宜，这场令读者和作者都满意的活动策划给我未来的工作增添了信心与动力。

不打无准备之仗

在出差去成都之前，我与熊老师的编辑、书店策划沟通活动方案，已经做了不少于三轮的商洽沟通。书店、出版社、熊老师三方做好关于活动的最终确认后，我梳理出整个活动流程的细节问题：第一，关于熊老师。与熊老师确定好出发地点、出发时间，提前购买好机票、安排好落地接机、酒店等事宜；并将活动主题、具体活动流程等活动详情报告给熊老师，以便他及时调整演讲内容、做好演讲准备。第二天，关于书店。要在出差前确定活动的时间、具体店面、活动主题、流程方案、活动的宣传推广、做好相应的图书备货，要告知并确认作者熊老师的饮食习惯、工作要求、接机、行程安排等细节内容。第三，关于我。我不仅是此次活动的推动者，而且还是书店、读者、熊老师之间的桥梁，要负责处理、协调安排好一切大小事宜，力保活动的顺利开展。

为了最大化地发挥熊老师在成都的影响力，我联系了成都一家较有文化影响力的书店——西西弗万象城店，并与西西弗书店的策划谢老师安排了熊老师在成都地区的两场活动，即一场书店沙龙、一场大学讲座。此外，我还多方沟通联系了金沙讲堂、书香成都等电视讲座栏目。其中，成都电视台的《书香成都》栏目对熊老师做了一场专访。这对熊老师思想、学识的传播，对更好地服务于成都当地的读者都很有帮助。

细节关乎成败

大军未动，粮草先行。

无论是西西弗书店的沙龙活动，还是川大的讲座分享，抑或是《书香成都》栏目的专访，我都会提前计划好每一天、每个小时的行程安排，既要保证活动内容充实，又要保障熊老师良好的身体状态，避免过长时间劳累工作。

在每场活动现场，也要留意细节，助力活动能够顺利进行。例如，在西西弗书店沙龙分享活动开始前，我发现书店为熊老师安排的座椅是一款较矮的松软沙发，因为讲台同样比较矮。为了让坐在后排的读者能够清晰地看到熊老师讲座时的动作、神情，我要求店方换了一把吧台椅。他坐在上面演讲时不仅更加自如，而且能够与读者进行更深入的情感交流。

在川大报告厅安排讲座时，最大的意外就是没想到有那么多同学们宁可不吃晚饭，也提前跑到报告厅里占座位听讲座。虽然大家都很重视这次活动，都提前到场，但还是出现了座位不够的情况，学生越来越多，前后两个门口都已经挤满了学生，不仅会影响同学的听讲质量，还可能存在安全隐患。察觉到这个情况后，我们与熊老师商量，让他邀请外面的同学进来坐，可以坐到他的讲台上，可以坐在最前排座椅的前面，可以站在墙角、走道中。于是，现场就有了报告厅里到处都是学生，热情爆棚的讲座场面。

在安排《书香成都》来熊老师下榻的酒店做专访前，我先考察了所在酒店的环境，与酒店经理沟通、协调，安排并布置了专访的环境；然后，将电视台记者与熊老师接到了提前布置好的房间，进行了两个小时的专访录制活动。当然，专访的内容、时间等细节问题也都与电视台、作者做了充分的沟通与汇报。于是，在“世界读书日”主题活动中，我们在成都电视台的节目中看到了熊老师的身影，听到了他的阅读体会，分享了他的写作乐趣。

结果，水到渠成

在西西弗书店做新书沙龙分享会的时候，有个小姑娘通过书店微信直播和话题讨论才知道她喜欢的熊老师到成都来了。于是，她立即赶了两个小时的路向书店狂奔而来，在活动结束熊老师即将离店的时候，跑得上气不接下气的她终于赶到了。幸福的小姑娘请熊老师给她一个拥抱，并且合影、签名留念。这一幕当时让我已经很感动了。晚上，熊老师又给我看了一条微信消息，那个小姑娘平复了激动的心情后，于晚上8点发了一条：“今天见到了熊老师，熊老师很帅，助理也很帅！”的消息，并且配上了她与熊老师的合影。我对熊老师说，“这个姑娘今天很幸福啊！”事实上，我那天也很幸福，我的努力促成了他们的会面，成全了读者的满足感，让我觉得那些天的劳累都很值得。

当四川大学的学子听说熊老师要来校园做讲座时，除了不忘积极报名听讲座之外，有的同学还提前备好了纸条，准备在讲座当天将自己的所思和所想与熊老师一起分享。当天讲座活动现场格外火爆，有300个座椅的报告厅居然挤进去了五百多名学生。站在墙角的、坐在舞台上的他们听得很享受，并且不时传出欢乐的笑声。熊老师为四川大学学子做的讲座题目是《文学与人生》，即《我是即将来到的日子》的新书分享会。熊老师与同学们分享了自己的人生经历、文学历程，并且提出诗歌对当下人们依然有非凡的价值与影响力，鼓励同学们多读书、多感悟。

前方，继续努力

作者与读者之间一次普普通通的交流活动结束了，在整个活动过程中我付出了许多，但收获的经验与成就感让我觉得这些都很值得。

无论对于一个国家、民族、社会，还是对于一个普通的读者，通过文化认同可以让他们掌握知识、拥有学识，获得精神世界的满足。当然，有的人可以引领文化、发扬传统，然而也有人需要学习知识、增强文化内涵。服务好作者，将作者的价值最大化地表现出来；服务好读者，帮助读者发现自我的需求并予以满足，这些都是我未来工作的努力方向。

更多的努力、更好的服务、更大的实现。我，在路上。

“多功能型”选手与抗压达人

●郭亚文

我进入集团市场营销中心已有两年多的时间了。在这个市场化程度较高的中央级出版社工作，我最深的感受是需要具备多项技能，以及超强的抗压能力与极高的责任感。作为营销中心的一名“多功能型”选手，我从职场“菜鸟”，到能独立负责展会、举办论坛、策划成功的营销案件达人，只用了两年时间。

为什么说自己是一名“多功能型”选手呢？两年前，虽然我是以“项目助理”的身份被招进来的，但是在实际工作中，被逐渐挖掘了自身潜在的各种能力：活动策划、统筹、现场执行、商务谈判、文案、编辑、校对、新闻稿撰写、主持、平面设计……列下这一串，终于明白为什么友人称呼我为“multi-tasking girl”。这些工作，看似杂乱，却反映出我将整整两年的时间都用在了何处。我把这些经验看成自己积累的财富。

托身处出版社的福，各种类型的书籍应有尽有，很多之前未涉足的知识领域，都通过后来翻书获得，读了多少，吸收了多少，也反应在工作中多少。而更多的学习，是在日常工作中。可别说一定要有个前辈带着你去做某件事情才叫学习，我热衷于参加各种不同规模、不同层面的会议，因为在聆听他人观点时，也是在偷学技艺。会研究别人如何处理一件事情、如何营销一本书、会做哪些工作来达到目的。甚至有机会和领导共同进餐，也将其看成一次很好的学习机会。因为前辈经验多，餐桌上闲聊，即使只告诉你只言片语，也足够给你以启发。很多待人接物的沟通技巧，也是从工作中与各种人打交道中学得的。

在工作实战中，能收获的就更多了。很多事情，不去做，就不会知道自己能做到。潜力都是被激发出来的，所以职场新人最最需要的一点特质就是：“不要怕，不要认为自己不行，尽管放手去做。”只有做过策划并最终实现，你才知道自己能做策划；活动结束后，几十家媒体追着你要新闻通稿，你才发现自己能被逼着写出新闻稿；活动缺主持了，让你上，你才知道自己能做一名还算可以的主持；被要求做了很多海报、易拉宝、微博配图之后，回过头发现之前做得都太丑，这就是自己的平面设计水平在进步……所以，所谓工作经验，就是这样每天一点一滴积攒起来。慢慢地，你会发现自己成为一个“多面手”，成为只要有足够时间就可以一个人完成全部工作的“开外挂的人”。而这种人才，正是如今职场最需要的，也是领导们最青睐的。你可以不必做多项工作，但你一定要有做多项工作的能力。

除了尽可能完善自己的“技能树”之外，在职场中，还需要具备一定的抗压能力。如果你像我一样，在中信出版集团这种追求不断创新与突破的公司工作，那么你还需要具备超强的抗压能力。

今年上海书展，领导定下了150万码洋的销售目标（是去年销售码洋的两倍）。为了完成这个销售目标，我们把重点放在销售今年6月出版的简体中文版《S.》上。这本书定价168元，且在国内文化圈风头正盛。大量销售《S.》有利于完成今年整体销售目标。简体中文版编辑对于这本书在书展上的销量预估是1000册，“能卖出1000册我觉得就是奇迹了！”因为这本书虽然在国内外都享誉颇高，但在这个快节奏的时代，仍属小众范畴。而领导却说：“我们要在上海书展上卖出5000册！”5000册，这是什么概念呢？上海书展一共七天，每天工作时间从早9点到晚21点，每天的工作时间是720分钟，七天的工作时间一共5040分钟，这意味着几乎每分钟就需要卖出去一本《S.》才能达到销售目标。压力之大，可想而知。

我们把公司展位围绕《S.》进行设计，请简体中文版编辑在书展现场做一场分享会。同时，我们把计划销售的5000册简体中文版《S.》打造成“上海书展珍藏版”，加入神秘白色信封、特制藏书票及纪念章，营造噱头，并且发往书展的6个展位以分摊销售压力（其中，3000册发往我们自己的展位，剩余2000册被按比例发往其他5家分销客户展位）。这些手段能促进销售，但对完成5000册销售目标还远远不够。

根据往年书展的经验，只有人气足够高，才能使销量达到我们的预期。因此，怎样才能吸引更多的人来关注《S.》这本书呢？纯吆喝的作用是微乎其微的，只有让读者都参与进来，引起读者自发的口耳相传并传播至社交平台，才能达到迅速扩散的宣传效果，并最终促成购买。作为今年上海书展营销活动的统筹者，我策划了一个“S.全民解密行动”：只要在上海书展期间购买《S.》珍藏版，即可凭购书小票领解密任务。完成任务可领红包，每天66个红包，领完即止。这个持续整个书展七天的营销活动，力求和图书本身的气质契合，“解密”的玩法跟《S.》本身非常契合，把书中的解密任务带到现实中，即使没看过该书的读者也可以参与，并且奖励非常直接，完成“任务”即有“酬金”。

为这次营销策划，我做了很多工作。写方案是基本的，与销售部同事、营销中心同事开了很多次会议，深入探讨执行细节和可能发生的特殊情况。我们在会上交换意见，有时又坚持自己的想法。所有文案、物料设计全是我自己动手来完成的。在执行阶段，与相关同事们协同工作。

在此次书展闭幕的最后一刻来临之前，都不敢说这是一次成功的营销活动。整整七天，每天我都关注当日、《S.》售的销售数据。现场情况是怎样的呢？S.解密活动区每天人头攒动，平均每天吸引400人参与，周末两天参与人次更是高达1200多人，展台一度被挤得水泄不通。新浪微博两个话题#S全民解密行动#、#S上海书展#达到近70万人次阅读量，并被推荐至热门话题首页榜和读书频道榜。《文汇报》在书展次日刊发的文章中如此评价：“某出版社为今年推出的最抢眼‘烧脑神书’《S.》设计出‘解密任务’，有书迷一大早就来展位外排队，开幕当天现场码堆的《S.》被一抢而空。”

到最后一天的下午4点，数据出来了：5000册《S.》珍藏版售馨，真的实现了平均一分钟销售一本《S.》的速度！当晚书展落幕，我集团展位单日销售额突破30万元，整体销售额同比翻番，150万销售码洋的目标已完成。

我们在微信工作群里欢欣雀跃，发了很多“鼓掌”和“赞”的表情，完全忘记了筹备工作的艰辛。

回想这次成功营销的第一步，仅仅是我脑子中冒出的一个解密行动的想法，然后我把这个想法告诉了两个人，她们立刻说：“这个好玩！”这两个人分别是《S.》简体中文版编辑和《S.》简体中文版的直接销售负责人。接下来，我们就展开了一系列的筹备工作：向领导汇报、提预算、讨论、修改、落实工作。其过程是让人很焦虑的，担心做了这么多工作却不一定能有很好的效果，担心会不会有哪里没有考虑周全。我在心里曾这样想过：如果不成功，这个策划可能会变成一个笑话；然后，又很快告诉自己，不要太在意结果，做好手头的事情就好。最终效果，没有让我失望。我真的办到了！

我做这一切只用了一个月的时间。而与此同时，我还要负责统筹上海书展的其他工作，包括两个展位的设计与搭建、各个分社的营销活动、诺贝尔文学奖得主阿列克谢耶维奇女士来沪的相关事宜等。其中，我还承担了阿列克谢耶维奇女士在思南文学之家对谈活动的主持工作，而背后付出的是狠补其作品、查阅大量资料、研究苏联历史等努力。

整个八月，我心里所承受的压力就像每天踩在钢丝上，不论醒来还是躺下，都无法真正放松。因此，抗压能力真的非常重要。如果你在大城市，如果你在一个节奏还比较快的公司，那么拥有良好的抗压能力，一定会让你走得更远。

具备责任感是另外一件很重要的事情，这会让你的领导充分信任你，并在之后的日子里给你更多的机会。在职场中，给人留下最好印象的其中一种就是：做一个富有责任感的人。

很多新人会在意自己的title，但其实不必着急，做好自己该做好的，一切都会慢慢到来：升职与加薪。最重要的是，这样做你还可以收获一个比昨天更好、对明天更加有信心的自己。

螺丝钉也可以得到很多乐趣与成就感。即使当颗螺丝钉，也要当那颗最亮、最被需要的螺丝钉。

发行工作小常识

●墨　凯

我目前在出版社做发行工作。我们部门主要负责除教材以外的纸质图书的发行工作，如教辅、地方教材、教育理论图书、大众图书等。首先，来介绍下我平时的主要工作内容。常规工作有前期针对具体项目与客户接洽谈判，制定合同，接收、处理客户订单，针对订单的后期维护工作。我们还会跟随部门举办专题会议。

抓大放小

学过市场营销学的同学都知道“二八定律”，即通常一个企业80%的利润来自它20%的项目。发行工作平时比较忙，手头工作经常有很多，在忙不过来的情况下，就要根据事情的紧迫程度、重要程度进行排序。事情比较多时，要有头绪，不能慌。一着急就容易乱，这样什么事情都办不好。可以先做最紧急的事情，然后那些能给你带来主要收益的大客户的事情可以排在前面，优先满足他们的需求。

突破自我

记得2014年12月，我随单位一起去外地办会。由于酒店的服务人员有限，我们做了很多额外的工作，如分装材料、个性化行程单等。为了更好地保证第二天的工作，每天劳累了一天后，我们部门还需要在深夜开会总结。在外开会的一周时间，大家的平均睡眠时间只有四个多小时。从第三天开始，大家都需要靠喝红牛饮料来提神。虽然很累，但大家都还在坚持着。特别是领导们和老员工们比我们付出得更多，这也督促着我必须要更加努力。同事们在返程的路上都在感慨：人类的极限是可以突破的，谁能想到我们能连续一周在每天只睡四小时高强度的状态下工作了一周时间。但每当回忆起这段经历时，真的感觉很充实。工作，就是要不断地突破自我。

遇到困难，及时上报

2014年上半年，我负责省份的教育厅下发文件，教辅需要送审样书进行重新进行评议。教辅图书由各地市分别送审，送审结果再由地市报送教育厅审核。由于要送审的地市都比较偏远，很多地方像顺丰快递都无法到达。然而，送审的时间却很紧张。为了不错过送审的时间，不太敢用EMS（邮政特快专递），最后和顺丰商量，先用顺丰发到省会城市，然后再转当地的快递。同时，我还和各教育局负责人取得联系，我们会尽全力保证到货时间。可是，事情远远没有我想得那么简单，各地市都送了大量的侵权教辅图书，局面一度失控。这时候，我感觉很无助。于是，我及时向领导进行了汇报。领导立刻带着我一起去找当地教育厅进行沟通，并和代理商量对策。最终，按照国家四部委的规定，教辅目录处理的得非常得当。经历过这件事，我得到了一个宝贵的经验，遇到难以处理的事情时别慌张，如果想不出对策，第一时间须向领导汇报，别擅做决定。领导和同事会一起帮你出主意，帮你分压。

享受平凡

平时的工作大多是重复的，周而复始的。但你觉得都熟悉了，有懈怠感了，可能危险就要来了。假如标错一个订单的折扣，就会给企业带来不小的经济损失。做合同时，如果遗漏一个条款，也就意味着丧失了甲方的权益。而且，机会总是留给有准备的人的。当你一旦懈怠了，机会可能就会与你无缘。坚持做好自己的工作，对得起领导对自己的信任，对得起单位，更要对得起良心。平凡的工作不代表机械地去做，做任何事情也要动脑筋，还要注意说话的技巧。

热心肠

做个阳光开朗的热心人，乐于助人，这一点对于职场新人来说尤为重要。一个刚入职的新人对于工作流程、业务技巧可能都很不熟悉，但可以主动帮助部门多做一些杂活儿，如搬书、寄快递、复印等事情，还要积极参加集体活动，做个热心肠的人，这样能给同事留下个很好的初始印象。

懂得担当

担当，我认为是一个职场新人最重要的品质。要为领导担当，为同事担当，做一个有责任心的新人！

第三部分

广告人的故事

关于成长

●周若愚

其实每一个人从出生开始，就在经历着成长的过程。只不过，人在不同的成长阶段，成长的方式也各不相同。

以大学为例。学业和课余生活可以帮助我们在专业知识、社交能力、组织能力，甚至在生活自理能力上都有所成长，但学习始终是第一位的。进入职场后则有所不同，专业能力的成长依旧十分重要，但学会更高效地与人沟通同样重要。这样的成长，需要勇气。

得益于幸运女神的垂青，毕业后我如愿以偿去了广告学子们向往的一家4A广告公司。和我内心里设想的外企一样，公司的办公室环境优美，人与人之间笑脸相迎，虽然忙碌，但每个人脸上都洋溢着积极向上的微笑。似乎没有什么问题能够难倒我们。

然而我错了，很快我就经历了职场中的“第一课”：跳闸机制。

那时的我和每一个职场新人一样，对陌生的环境感到好奇，同时也在渴望着证明自己。而那时候，我用来证明自己的方法就是尽可能多地去完成领导交代的工作，不到筋疲力尽决不罢休。听起来这并没有什么错，不是吗?

也许短时间内不会有什么问题，甚至周围的人还会因你的“拼搏”而感动，但很快我所承担的工作就超出了力所能及的范围，为之后犯错埋下了阴影。还记得有一次我们收到客户的需求，需要将服务品牌的赛车历史进行一次系统的整理，而且需要在当天下午6点前提交。怀着对赛车专业技术的自信，我满口答应了这项工作，并得意地选择了先做其他的事情。到了真正着手这项工作的时候，我才意识到并不能仅仅依靠在网络上搜索就能完成搜集资料的工作。但并不死心的我一直拖到下午5点才向领导汇报说，自己手里的工作的确无法完成。

结局也许大家都能猜到，领导并没有责怪我，而是号召小伙伴们一起解决了这个问题。但是，下班之后，我被领导留了下来，他对我讲了一段让我受益终身的话。其实，总结领导的就是三个最基本的工作守则：第一，说自己不会并不丢人，丢人的是硬撑；第二，工作到手之后不要急于开始，而要先评估自己能否完成；第三，一旦判定工作无法完成，需要第一时间“跳闸”。

先从第一点说起。什么是面子？在刚入职场的新人眼中，面子可能是一件非常重要的事情。在一个陌生的环境，我们急于证明自己的实力时，往往会高估自己的实际能力。职场是一个“Team Work”，一个团队之所以存在正是因为它汇集了各种各样的人才，而每一个人在这个团队中最大限度地发挥自己的特长才是第一位的。所以反过来看，承认自己有不会做的事情一点儿也不丢人，而真正没面子的是你答应了其他人的要求之后无法完成。随着时间的推移，我们在职场上不会做的事情越来越少，能够提供的解决方案越来越多。这个时候，“面子”才会越来越足。

再来说说第二点，评估。接手一份工作后第一件要做的事情，也是最重要的事情就是评估，即你能不能做？需要多久才能做完？不会做怎么办？首先，问问自己这些问题远比火急火燎地埋头苦干更重要。还是那句话，说不会不丢人。正确地评估工作量和工作难度可以帮助你规划接下来的时间，甚至有助于判断是否需要求助。而错误的规划轻则给自己加重负担，重则直接影响项目的进度。

最后一点也是最重要的——及时“跳闸”，而且“跳闸”要有一个前提，就是要尽可能早地“跳闸”。一个小时的活儿，如果判定无法完成，尽量在第10分钟的时候就“跳闸”，从而为后续的调整争取时间。“跳闸”可以是阶梯状的，每个人都向自己的上一级跳闸即可。如果项目本身是有问题的，最终的反馈就会顺利传达到高层。

进入公司三年来，我经历了三次升职，也学到了不少东西。我们公司可谓是传媒行业的“风向标”，广告圈里的“图腾”。就职于这样一家公司，你总能发现身边的同事都是来自各行各业或者各大名校的高手。每一年公司的“新兵招募计划”都会迎来超过2000位竞争者，而最终顺利进入公司的不超过10人，他们都是精英。事实上，能来的，终归都有“两把刷子”。和一群高智商、高情商的人相处是一件很有意思的事情。在互相鼓励的同时又相互竞争，会让你在愉悦的快节奏里迅速完成工作，也实现成长。同时，我们公司也是一家非常有“情怀”的公司，员工对于公司文化的认同感和自豪感在业内少有，因此学会融入公司文化也是一件非常有意思的事情。

无论如何，一家成功的公司离不开行业的背景。公司身处广告圈，而广告圈则依托于传媒圈的大环境。众所周知，传媒圈以变化快和多元化著称，尤其是在当下的新媒体时代，自媒体的崛起让更多的普通人有机会走上前台发表自己的观点。这是一个充满着新元素的行业，也对从业者的“更新”能力提出了更高的要求。

于是，我们就在这样的环境下成长。相较于漫长的职场路，我们依旧是个新人，但却不再是工作上的新手。当突破了当下的“瓶颈”，我们还会遇到全新层面的挑战。成长，莫过如此。

藏器于身，待时而动

●高斯韵

每个人都有与众不同的成长环境。环境给人留下深深的烙印，并将长久地影响人的一生。有的人改造环境，有的人被环境改造。进入社会这个大环境里，你将成为什么样的人，唯一的决定因素，是你的选择。

很多人会觉得，自己的命运是从生下来就已经决定了的，其实不然。作为地球上唯一的智慧生物，每个人都拥有改变命运的能力——主观能动性。当你极度想要做成一件事的时候，没有什么可以阻止你。尤其是在广告、公关、影视策划等文化创意行业中更是如此。一个创意改变人生的案例屡见不鲜。虽然人生不如意者十之八九，但不可因此而妄自菲薄。

“逆天改命”这种浩大的工程要如何实现？古人云：“君子藏器于身，待时而动。”可谓点明了改变命运的两个关键因素：藏器于身，待时而动。

藏器于身，艺多不压身

作为文科专业的学生，未来的职业方向基本是服务行业，或者说“第三产业”。说到“第三产业”，大家很容易联想到影视娱乐行业。相声演员在台上说、学、逗、唱，只为博观众一笑。广告公关行业白领在电脑前绞尽脑汁，也只为产出的创意和方案能让客户满意。文化创意行业本质上是服务业，大家都是凭本事吃饭。

藏器于身，就是要“有本事”。所谓“本事”，就是解决问题的能力。这种能力来自于多种素质的积累与综合运用。因此，多学多看、多积累知识，特别重要。如果平时自己积累的东西太少，在进行头脑风暴、开创意会的时候，就无法产出太多有价值的内容，自然也不能让自己闪耀于众人眼前。

当然，想要在行业立足、在公司中生存发展，个人的能力仅仅只是一方面。藏器于身，一方面要有“器”，另一方面则是要

“藏”。锋利的宝剑向来都保存在剑鞘中，只有需要使用的时候方才拔剑出鞘。这是保护自己，也是保护身边的人。

待时而动，别放弃希望

文化创意行业是一个淘汰率非常高的行业。倒不是说竞争有多么激烈，只是大部分人都败给了自己。坚持初心是一件很难的事情。不断地磨炼自己、相信终有出头之日，这话说起来容易，做起来却很难。有许许多人因为各种各样的原因，中途放弃，输给了自己。

为什么要等待？因为这个行业不止看重能力，还看重忠诚、毅力等。不论对于你正在供职的这一家公司，还是计划跳槽的下一家公司，你的第一份工作做了多久，都是一个亮点。这一家公司会因为你的忠诚度而对你更加器重，甚至将你作为重点培养对象而委以重任。下一家公司则会因为你的忠诚，从众多求职者中对你高看一眼。

对于即将踏入职场的你，希望你在找到一份适合的工作后，将第一份工作坚持三年以上。为什么是三年？因为大部分人在第一年就坚持不下去了，在剩下的人中，又会有一大半在第二年退出。除非遇到“瓶颈”，或者有更好的职业发展机会，否则尽量不要换工作。剩者为王，坚持本身也是一种本事。

温柔陷阱，看不见的舒适圈

藏器于身，待时而动，最终当然还是要动。有时候，等待的过程太过漫长，以至于忘记了为什么而等。这会是一个温柔而致命的陷阱。在一份工作上坚持三年，你已经是资深人员。你不仅积累了大量的经验，往往还会有自己独到的认识，甚至工作已经成为一种习惯，内化于心。这时候不管做什么都顺风顺水，每天可以很快地完成工作，早早地就等着下班。然而，往往最安全的时候，也就是最危险的时候。这时候你就需要警惕“舒适圈”了。

舒适圈就像早上的被窝，总让你想多睡一会儿。但是多睡这一会儿，既不能让你解乏，还会让你因为贪睡而迟到。在工作中，因为你的资深阅历，你周围的资源都会围绕你运转，因此你也会觉得舒适，导致懈怠，不思进取，安于现状，甚至得过且过……到了这个程度，基本也就是个废人了。

一定要给自己挑战！如果工作上没有，就向上级要任务。如果公司没有其他任务，那就换公司。趁年轻，多吃苦。毕竟等年纪大了再吃苦，不仅身体吃不消，而且面子上也挂不住不是?

长风破浪会有时，直挂云帆济沧海。共勉！

我愿作一只小鸟

●苏振东

我愿作一只小鸟，飞翔在自由的天空！

那一年，我硕士毕业，来到了一家传媒公司。时至今日，已有三年多的光景。就是这三年，我经历了人生最大的蜕变——由学生转变为真正的职场人。

从上小学算起，我

的求学生涯长达20年，如何从一个当了20年的学生迅速转变角色，快速投入职场呢？这需要一个过程。

学生时期不怕犯错，因为犯了错，老师会给你改正的机会，会教给你正确的方法、路径，但是到了职场却截然不同了。要处处谨小慎微，关注重视每一个细节，否则便有可能为他人、为集体带来或多或少的麻烦。换句话说，在学生时期，你是在学校保护之下的；而当你走向社会时，便是完全摘掉了保护罩，裸露于外界。

传媒行业更是如此。初到单位的大学生可能自以为饱读诗书，任何事情都觉得很简单，而实践却恰恰证明，其实我们连最简单的事情都做不好。所以，不管是本科生还是研究生，一到单位都是从送资料、复印资料、简单核算单据等简单的工作做起。我们要做的是放低姿态，从简单的事情做起，把简单的事情做出色，在简单的工作中不断应用自己学过的理论知识，不断总结进步。也只有把简单的工作做好了，单位领导、同事才会逐渐认可你的能力，认可你的知识储备，才会对你产生信任，逐渐把重要的工作安排给你做。这样，我们才能在逐步适应工作，掌握工作所需的技能，具备承担重要工作的能力时。

这里要提到“存在感”。传媒行业需要思维活跃、敏感的人才。很多人在校期间就具有典型的文艺“范儿”，伤秋悲冬，时常会抒发感慨，抒写忧伤。一般思维细腻的人，自我存在感会强一些。而传媒行业恰恰追求的是团队合作，因此如何让自己在团队中扮演恰当的角色，这个很重要。每个人的个性固然重要，但是在职场环境中，我们只需要发挥对团队有利的个性，于团队不利的个性就要适当隐匿——这或许就是磨平棱角，实现社会化的过程。

另外一件很重要的事情就是要坚持学习，多读书。传媒行业是一个知识更新换代很快的领域，掌握先进的理论模式，触碰最前沿的传媒技术，深入了解客户需求，坚持观察生活、总结生活，对于我们的职业发展都很重要。可能繁忙的工作往往让我们身心疲惫，我们消遣的方式就是孤独地刷刷朋友圈，晒晒自己的行踪，或者卧在家里看看电视。我个人认为，最好的消遣方式有两种，其一是参与社交活动，其二是多读书。我自本科入学至研究生毕业，学习了七年的广告学专业。自我感觉广告学的理论知识如数家珍，信手拈来。但是真正走向工作岗位，我们就进入了具体的细分领域，仅仅用广告学的理论知识不能应对工作中出现的各种问题。因此，要根据自己所处行业的特征进行针对性的学习。因为我工作的单位是铁路传媒领域，因此我在入职两年多的时间里，需要自学很多关于铁路客运管理的知识，不仅要学习铁路客规，而且更要深入车站、车库进行实地考察、论证。知名广告人叶茂中说过，创意不是用脑袋想出来的，而是要脚走出来的。其实，这也印证了毛主席所说的："没有调查就没有发言权。"只有理论结合实践，方能激发出更多的能量。

最后，要提到的是合理协调工作与生活的关系问题。传媒行业，尤其广告行业时常加班加点，有的时候甚至彻夜工作。因此，协调好生活与工作的关系，养成一个良好的生活习惯，拥有一个健康的体魄，就成为我们安身立命的重要基础了。多年来，我始终坚持疲劳但不懒散，辛苦但不抱怨，时间紧张但不忘吃饭，任务繁重但不放弃生活的态度，顺利地度过了职业生涯的"菜鸟期"，也为今后的职业发展奠定了坚实的基础，积蓄了充沛的能量。

对于工作而言，我还在不停地摸索前进，逐渐强大的羽翼足以支撑我奋勇冲击；对于生活而言，我还在不断学习，积极乐观地扮演好每个角色，儿子、丈夫，未来我还将是一个爸爸……

今天，我仍然是一只小鸟，但我胸怀蓝天，憧憬高空翱翔的挑战。

未来，犹未可知；但今天，我依旧在路上，前行！

搜索引擎营销行业故事

●黎　李

说来自己所从事的职业也算不上传媒行业，但是作为在媒体广告打拼的一名搜索引擎营销从业人员，目的是在把广告主的信息有效地传播到各大搜索引擎媒体上，那就勉强把自己归纳到传媒行业了。下面就从搜索引擎行业的工作环境、工作流

程，以及对从业人员的素质和能力要求几个方面浅谈一下搜索引擎营销的行业故事。

一、搜索引擎行业的工作环境

要谈工作环境，首先给大家讲讲搜索引擎人员可能会任职的公司类型。搜索引擎营销，英文叫SEM（Seach Engine Marketing），PPC（Pay Per Click），是指以搜索引擎为平台，以调整网页在搜索结果页上排名从而给网站带来访问量为手段，针对搜索引擎用户展开的营销活动。因此，这个市场主要包括三方，即甲方、乙方和丙方。甲方是希望展开活动的广告主（品牌/企业方），乙方是帮助广告主将做广告投放的广告代理公司，丙方是呈现广告主广告的媒体平台，即媒体本身（见下图）。通常，比较大型的搜索引擎营销活动都会有这三方参与，小型的公司可能不会使用乙方代理公司，而是自己直接与媒体联系进行投放，这样也就只有甲方和丙方参与。

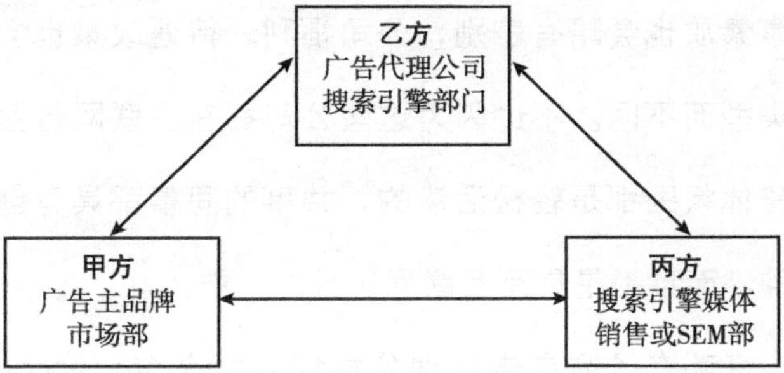

搜索引擎营销的三方

在中国市场上，甲方和乙方在品牌、公司规模方面有大有小，因此其工作环境也会因公司的规模而各不相同，有些许差别。甲方如果是世界/中国500强公司，那么可想而知，工作环境会非常优越；如果甲方是中小企业，那么硬件环境则会相对弱一些。乙方广告代理公司，广告专业的同学可能会比较清楚，最好的广告公司为国际4A广告公司，此外是中国本土广告公司（Loacal公司），以及一些小型的广告代理公司。公司的硬件环境会因为公司的大而小略有差别。而国内的丙方公司，即搜索引擎媒体，大家基本也都耳熟能详，如谷歌、百度、360、搜狗等，基本都是大型公司，或者有大公司为股东的公司，如神马（阿里巴巴控股）。现在也不乏有一些正在起步的小型搜索引擎媒体，如宜搜、易查、儒豹，不过这些小媒体比较边缘。在大型的丙方公司任职，硬件环境一般都是很不错的。

从软件环境来讲，三方大小公司，因为其公司性质不一样，接触的同事素质也会略有差别，公司福利、待遇政策也会因为公司的性质与类型而不同。不过因为这些公司都在互联网行业，所以往往公司的整体氛围都是轻松活泼的，共事的同事都具有创新、向上的拼搏精神，而且都是具有互联网思维的一群人。

我一直都在乙方广告代理公司任职，在4A、Local两种类型的广告代理公司都工作过。在4A公司的搜索引擎部门工作时，由于单位是外企，所以从硬件上看，公司布置、氛围都是外企风格，而公司职员看起来也感觉“高大上”。在软环境上，每个人都有英文名字，平时沟通用到英文的机会很多。公司会举办一些有意思的活动。比如，每周五下午举办下午茶及和娱乐活动，公司的大老板、小老板们的思维都很开放，给大家一个宽松愉快的环境，工作时不会感觉有条件束缚。公司的年假也很多，起步是一年10天年假。办事都是外企风格，能够做到正规、流程化。本土公司相比4A公司，其氛围则会相对死板一些，有一些国企的风格，看起来没有那么“高大上”，也不会有外企的“英文”环境。不过这种公司办事会相对灵活些，因为公司对每个流程的要求可能没有那么严格。

以上仅是我所待过的和了解公司环境的一些描述，其实每个公司都有各自不同的企业文化。因此，公司无论大小，都会有其不同的环境和风格。想要了解一个行业工作的环境和氛围，相信大家未来在找工作的过程中，通过在网上了解，以及在公司咨询、面试过程中注意观察，也能觉察一二。

二、工作流程简单解析

因为自己一直在乙方广告代理公司的搜索引擎营销服务部门工作，所以对乙方的工作流程比较清楚。给大家简单讲讲自己平时在乙方广告代理公司的工作流程，过程中会涉及与甲方及丙方的接触，希望通过我的解说，使大家对甲方和丙方的职责有一些了解。

我在广告代理公司的主要职责是客户竞标完成后，对客户后期常规需求的跟进执行。一般工作流程可以参考下图。① 当客户（广告主）有投放计划时，会将广告投放目的、预算情况交给代理公司；由于媒体也会有专门的销售部维护客户关系，如果遇到大的、重要的广告活动，广告主也会将活动信息告知媒体的销售部门，要求同步配合。② 代理公司与客户沟通。开始了解清楚客户的需求后，制作执行方案。如果是比较大型的活动，代理公司在制作方案的同时，也会同媒体对应的部门进行积极的沟通，商讨方案的可行性。③ 方案制作完毕后交给客户。客户确认方案内容后，代理公司会负责跟进项目流程，跟媒体一起配合完成广告的上线。由于搜索引擎广告为竞价模式，需要后期根据数据情况不断优化。因此，在广告投放的周期内，代理公司会根据客户的目标不断调整广告策略，维护广告的投放效果。④ 待广告投放结束后，一般代理公司还会提供客户结案报告，包括广告投放数据情况、效果总结和亮点分析等。⑤ 一般广告代理公司和客户都会有一个账期的规定，在前期投放过程中，往往是代理帮广告主垫付广告费用。因此，广告投放结束或者过程中，代理公司的职责还有向客户请款的工作。另外，也会有专门的部门与媒体合作，完成媒体部分的账款清算。

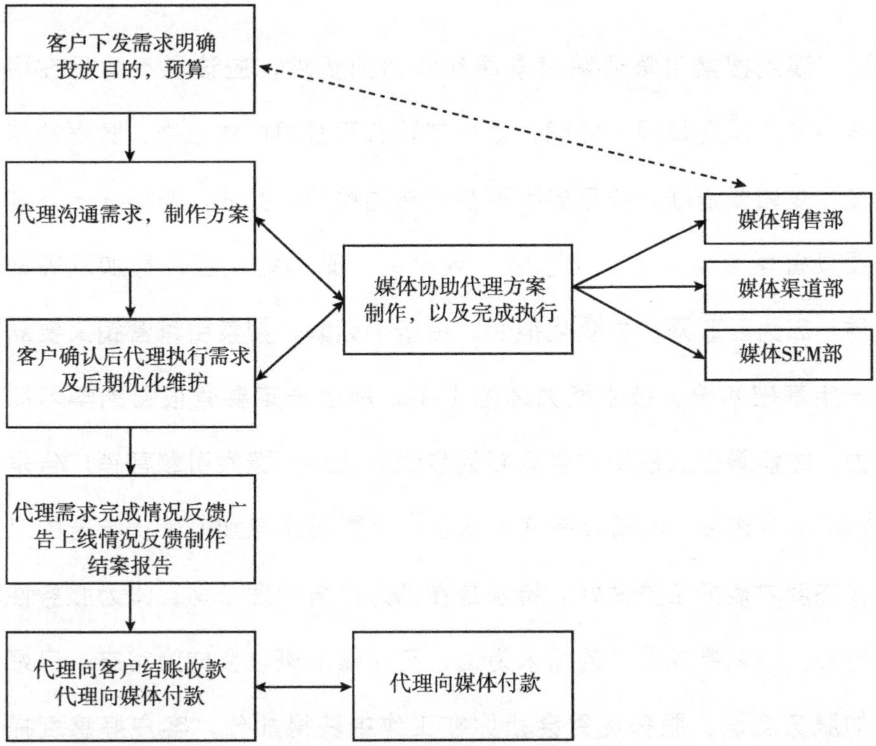

广告代理公司的日常工作流程

以上便是代理公司日常工作的基本流程。如果你进入了代理公司，每个公司可能由于客户要求不同、公司流程及分工不同，导致你所承担的职责也不一样。有的公司会将客户沟通、媒体对接、广告优化、财务请款进行拆分，所以有可能你只需要负责其中一个环节；而有的公司又是将每个步骤都由一个项目负责人来统领，所以你在每一个环节都需要跟进。

三、对素质和能力的要求

谈到搜索引擎营销对素质和能力的要求，应该说不管是在甲方、乙方、还是丙方任职，最好都要有互联网广告思维、数据敏感度，逻辑要清晰，并且要有不断创新的精神；另外，职场人士还需要具备学习能力强、上手快、效率高、勤奋能吃苦、肯加班等素质。因为互联网广告变化很快、更新很频繁，搜索引擎营销又要靠一定基础知识、技术能力才能上手，所以一定要有很强的学习能力，才能跟上互联网广告更新的步伐。此外，搜索引擎营销广告是24/7小时在线，经常会有突发状况，也需要愿意加班、肯吃苦的工作态度才能把工作做好。特别是在乙方广告代理公司，作为服务性行业，一切要以客户的需求为上，有时候加班也会成为常态。良好的服务意识、服务优秀会让你在工作中获得加分，客户好感度提升。在技术层面，如果你对Excel、PPT等办公软件运用得非常精通，那么你在搜索引擎行业的工作一定也会非常顺手。假如你的英语够好的话，或者精通第二外语，那么你在4A作国际客户也会非常吃香。如果你的表达能力、沟通能力够好，那么在跟进搜索引擎营销工作的每个环节都会特别顺畅，甚至等经验充足后，就能够参与竞标展示，这两种能力也会作为你职场获胜的利器。

在三类公司中，广告代理公司的入职门槛较甲方、丙方都低，广告代理公司也愿意花时间培养职场新人。因为广告代理公司的人员流动性很大，培养专业新人刻不容缓；而品牌方、媒体方往往需要有经验的人来进行项目的维护，所以一般都需要有搜索引擎经验的人才能取到相关部门任职。不过也不乏特别优秀的人在企业招募时脱颖而出，直接进入大型的甲、丙方公司工作。

以下是网上对于优秀广告人素质要求的“段子”，描述得比较夸张，博大家一笑。不过如果想成为真正的全方位广告“大神”，掌握这些知识一定也是必经之路。

其实广告很简单，只要你掌握了：传播学、营销学、4P理论、市场调研、策略制定、推导创意、受众心理、整合营销、新媒体研究、社会化营销、微信传播、门户网站、户外广告资源、站台广告、机场广告、产品开发、交互设计、流程管理、报价策略、品牌洞察、渠道管理、供应商协调、谈判技巧、互动策略、客户关系维护、成本核算、大数据理论、PPT制作、方案逻辑、平台运营、用户体验、Excel数据库、电视投放策略、网站刊例、报刊专题策划、新闻采编访谈、软文撰写、产品文案、措辞修饰、格式、修辞、成语、歇后语、谐音、起承转合、结构调性、主题提炼、抠图、描边、勾勒、光影关系、透视、景深、构图、渐变、矢量、UI、渲染、滤镜、字体设计、插画、动画、多媒体制作、3D、数据库、前端开发、net2.0、音频音效、adobe premiere、视频拍摄、剪辑、特效制作、字幕、楼书、印刷厂打样、印刷单价、宣传手册、DM设计、刀旗、易拉宝、模特资源、舞台搭建、舞美、音响灯光、机位、场馆、六度人脉理论、二次传播、热点营销、快速反应、效果评估、点击成本、访问人数、转化率、跳出率、下载转化、客单价、明星资源、税点、发票等。

当然，再加上多年的经验就OK了。

我是策展人

●马凯琼

我在国内大学毕业后申请到英国伦敦某大学读研究生，我在国内本科专业是文化产业管理，在英国进修跨文化传播专业。由于国内本科专业学习内容相对较为广泛，既学习了管理学，同时也学习了中国传统文化和与传媒学相关的基础课程，我一直喜欢中国传统文化，并立志于中西文化的传播工作。因此，本科毕业后到英国伦敦后，我汲取了更多有关西方文化交流方面的知识。

在英国留学期间，我参与了相关文化交流活动，如中西名家绘画交流、意大利国际设计周等。回国后，我就职于一家文化类央企控股公司，公司有艺术类核心期刊、美术馆、画院、艺术品鉴定中心等业务板块。由于公司是由传统事业媒体单位转企改制的典型单位，在现行运营中有不完善的地方，即权责不甚明确，公司人员基本都是多面手，很少有具体明确的分工。这对于初入职场的我来讲其实是有“乱世出英雄”的感觉，各个部门、岗位都可以尝试并得到锻炼。

我负责利用公司艺术类期刊专题栏目的平台来策划书画艺术家推广方案，并联系艺术家和投资方进行方案洽谈。我入职后的第一个项目是为一位年近八旬的老艺术家策划了杂志专栏，并撰写采访文章和杂志封面摄影。在这个项目中，刊登杂志是需要一定费用的，因此我在与投资方沟通的过程中需要了解其艺术投资诉求和投资回报，同时与艺术家沟通栏目策划版式等内容。整个项目历时半个月完成。我首先说服投资商投资10万元人民币作为杂志刊登资金，作为回报，艺术家把价值10万元人民币的画作赠予投资商，投资商在收藏画作一定时间内可进行艺术作品的再次流通或拍卖等行为。在满足投资商的要求之后，需要做的是与艺术家进行专题栏目策划采访的沟通。由于艺术家是年近80岁的老者，所有材料均为手写书信，这就需要我对其近万字的文字资料和胶片照片进行电子版整理和录入。录入材料结束后，我抓住艺术家特征进行栏目策划，整个栏目分为几个部分，即艺术家自序介绍、杂志互动对话采访、艺术家师承关系分析、艺术家评论文章及梳理艺术家艺术生平等内容。其中，这位艺术家所提供的作品图片和封面照片均为陈年旧照，其清晰度达不到刊登杂志的要求。艺术家居住在外地，年长且不善于使用电子设备。因此，在与其进行采访、沟通、组稿、改稿过程十分艰难，既不能催促他又要在杂志规定时间内预留出美编做版的时间。因为考虑到这是我入职后的第一个项目，所以我力争做到最完美，于是我决定自费前往上海对这位艺术家进行面采并亲自拍摄杂志封面照片。我的举动得到了这位艺术家的赞赏，并增进了我与艺术家之间的工作感情，使采访任务顺利完成，提高了工作效率。我回京后迅速地进行组稿、采写、修改和排版等工作。我的工作态度和采写稿件质量均得到了领导的肯定，并在当月提前转正。在我的第一个项目中，最难做的是与投资方和艺术家的沟通，要满足投资方的投资诉求，即收藏作品并拍卖。因此，在投资方选择这位艺术家画作的时候，我需要不断在投资商与艺术家两者间作为中间人来传递、调和，最终使双方都获得既得利益。因此，在这个项目的策划中，沟通能力是极为重要的；其次，我抓住了这位艺术家本身的特点，策划对其进行有针对性的杂志栏目策划是该项目策划最为核心的内容，这就要求策划者具有一定的专业美术史知识和艺术市场的敏感性。

由于我入职后的第一个艺术家杂志栏目策划得较为成功，同时这也成为公司对艺术家宣传策划的典型成功案例。艺术家本人和艺术家经纪人为此找到我，要利用本公司美术馆的平台为艺术家本人策划一个在京书画艺术展览，因此我作为本次展览的执行策展人策划并执行整个展览项目。我在策划方案中提炼了艺术家展览主题和展览定位，艺术家展览主要内容为这位艺术家不同时期的书、画作品典型代表作品和出版诗集、画册，定位为在北京首次精品雅集展览。在这位艺术家作品选取中，我和展览定位与公司艺术鉴赏中心同事共同选取了展览作品，并列出展览作品名称、尺寸、展品品相等相关信息。由于本次展览是雅集展，我同时策划了西式酒会的冷餐形式，为了节约成本，我与提供冷餐、红酒的公司达成共赢合作方式，即让他们将宣传资料分发配置在展览礼品袋中。接下来谈到的就是展览作品的运输、储存和保险问题。这一系列问题都是涉及作品安全至关重要的环节，必须责任到人，并有严格的签字把关。其次，作品装裱、布展的过程是展览部门、策展人和艺术家都要到场并共同完成的一项工程，必不可少的是各方的沟通和协作问题。最后，展览开幕酒会当天的现场流程表需要我来制定，合理安排嘉宾座次顺序和讲话顺序，以及拍照站位是有一定讲究的。在此过程中，需要不断与艺术家、艺术家经纪人和美术馆领导进行商讨和纠正。展览开幕当天如遇各种突发状况需要提前做好预测和风险估算。例如，展览开幕当天重要嘉宾提前到达或者嘉宾未到达，都需要提前与主持人做好沟通。这个展览项目并不是靠策展人一个人的力量可以独揽大权完成的，每个细节都需要各个岗位工作人员和团队的合作，因此如何有效地与各方沟通是展览成功举办的关键。但是作为策划人，一定要有对全局的考虑及其细节的把控，以及责任到人的概念。举办一次大型的活动是对我的极大考验，也是一次难得的历练，作为职场新人一定要不懂必问，谦虚、严谨，有效率地完成好每一个细节。这个项目类似我在大学本科“项目管理”专业课中学到的思维方式和知识点。因此，大学所学的知识当时看似没有大的用处，但其实在今后的工作或者生活中是一直在影响我的。所以在大学这个学习阶段，应该认真学习专业课，培养自己专业的思维方式。

第四部分

互联网人的故事

全世界都是我的学校

●王立童

从实习到工作，职场生涯已过四载。一出校园，遂成北漂，会煎熬，会迷茫，却也在挑战中觉得人生仍有无限美好。四年职业历程，我作过网编又卖过房，进入广告业又转行互联网，一次次的职业经历都拓宽了我的眼界。脚步一刻都未停歇，我一直在积蓄能量，等待所谓的“机会”，梦寐成功的降临。

在工作上，我个人还远远没有达到自己的目标，但在工作岗位上每天的学习，让我清楚地认识到一点——全世界都是我的学校。我做的每一份工作都是一个学期，在每个学期我都获得了不一样的体验。我已经大学毕业三年了，但我永远无法让自己毕业。

手不低，眼要高

我的职场生涯是从某BAT公司开始的。记得实习开始的第一天，隔壁频道的一个女孩不知道为什么，突然大声骂了句脏话，就摔桌子走人了。作为第一天进入职场的我，突然意识到：社会是这样的啊，是时时刻刻直接开撕的状态啊！

我怀着忐忑的心情，开始了我的实习工作。这份工作的主要内容是基础的内容编辑和发布文章，以及更新资源位。这样机械地工作，让人觉得，这种工作有什么难的？甚至连公司班车司机都说，识字懂事的高中生都能做。当时，这话听起来确实让人感到有些泄气。

但是，当工作几周之后，并和其他实习生对比之后，我能够认识到一些他们认识不到一些问题：即使是简单地发布文章和发布资源位也大有学问。首先，一篇文章从后台编辑到发布，其流程必须注重格式，以免网页出现乱码；其次，要清楚发布的文章标题如何吸引网友的眼球，如何促进点击和评论，什么样的内容能够使网友产生共鸣；第三，随着看图时代的来临，还要知道如何通过精美的焦点图，将网友吸引至页面；第四，摘录的文章，要清楚通过什么样的方式来规避版权风险；如何为不同地域、不同文化程度的网友提供差异化的阅读内容。这样能够总结对现在网络世界的传播点和网民的兴奋点进行一个初步的归类。以星座频道为例，一线城市和二线城市的人喜欢看星座，三、四线城市的人喜欢看命理，男性用户喜欢看财运，女性用户喜欢看爱情运……这样在发布文章的时候就可以筹划一下，看哪一部分用户多就可以集中发布相应类型的文章。

到这里，就可以发现学校教育和社会教育最大的差别。在工作中，你会遇到你从来没有接触过的各种各样的难题。在学校里，老师会通过总结让你学会方法，而社会让你通过方法来解决实际问题。

在工作了几年后，看我带的有些实习生存在一个极大的问题，他们总觉得实习工作没有什么难的。桀骜不驯是优点不是缺点，但是眼高手低是致命伤。这样的同学往往连实习工作都做不好。实习经历是将体验化成经验的第一步，实习生一定要明确自己的定位——先想再做，多做少说！

文案！方案！！难搞！！！

我先提供一个数据。在我进入某国4A公司做新媒体策划的第一年，我总共做了超过100个策划案，平均每周约做两个策划案。

这两年我做过的工作五花八门，有广告创意策划及提案、广告媒介策划及提案、网络广告媒介拓展、游戏策划、游戏文案撰写、APP产品策划、项目策划、公司官微运营等一系列工作。策划案大小不一，有数页的领导演讲稿，有动辄上百页的发改委资金申请报告，有公司新媒体动态宣讲PPT，也有近百页的提案PPT。每天电脑桌面上除了Office就是各种思维导图及绘图软件，在帮我梳理着逻辑，加班至子夜12点以后甚至通宵都是家常便饭。在做年终总结的时候，我自己都吓了一跳，原来当工作投入进去后的质变，并不是你能立即能感受的。

在有一次与合作伙伴吃饭的时候，说到现在刚毕业的大学生就开始做广告策划，哪能做出像样的东西。社会都不明白是怎么回事，行业还摸不透，怎么去做策划？其实，投射到自己身上也能够发现这一点。广告策划的攻坚点只有透彻了解行业的现状、了解产业广告的投放渠道、了解目标用户的习惯和喜好，最后才能从传播点以及传播渠道进行分析。如果前期没有很明白的前辈带着做，那么就很容易地会遇到“瓶颈”。

接下来，我职场的迷茫期到来了。高强度的文案及策划工作搞垮了我的身体，我那不高的工资和超高的房租，让我切实体会到作为一个北漂的艰辛。而且在中型国企4A里工作，公司本身是以电视广告为主，还没有将网络及移动端广告纳入业务版图，我能做的事情有太多的限制。我在想，这是不是我想称之为事业的工作，我是否喜欢这样的工作。我开始渐渐怀疑自己的能力，我不确定我的能力能干什么样的事情。也就在这时候出现了转机。

转行要趁早

通过同学的介绍，我得到了某微博的面试机会。这是我第一次正式的过关面试（以前的面试都较为简单）。通过两年的广告策划及提案，在逻辑思维和客户提案方面都积累了一些经验，因此我很顺利地通过了4关面试和一个作业笔试，我因此而信心大增。

进入微博的工作以后，我真正接触到互联网和社交网络，眼界也比原来开阔了很多。从广告策划过渡到商务运营的压力是很大的。虽然以前做的是网络广告策划，但从目的上看，网络广告和网络营销的目的是一致的，而广告和营销在思维上是完全不同的。广告讲究的是展示，而营销讲究的是手段；广告拼的是影响，而互联网创造的是影响。与此同时，我感到国企思维和互联网公司的思维存在天壤之别。所以我在各个方面都要拼命地追赶，才能跟得上每一次的头脑风暴、运营策划和案例总结。

还好，现在的工作是我喜欢的工作。电影音乐的策划工作让我如鱼得水，加上本科传播学专业的底子，在微博进行了《影响例》的编辑，《影响例》现在每个月都会在@微博电影 账号进行发布。

一路走来，全世界都是我的学校，我就这样边走边学，不断迎来崭新的自己和快乐的生活。

我在新媒体的这五年

●李　昂

也许是从小就喜欢听音乐的关系，我一直期望着未来可以做一些与音乐相关的工作。因此，从大四起，我就专门找了一家做音乐的网站实习，一直工作到现在。虽然跳过槽，但也并没有离开这个圈子，始终在移动互联网公司做新媒体的音乐产品运营工作。毕业五年多的时间，时间说长不长、说

短也不短，我享受把这些优质的音乐推荐给用户的过程，喜欢每天朝九晚五可以听着音乐的工作氛围。

一、行业背景及现状

2013年我来到某微博，担任微博音乐频道的运营。平日每每在和其他部门的同事或身边朋友们聊工作的时候，被问得最多的问题是："不是说唱片已经死了吗，你们每天在做什么？""现在怎么不能免费下载歌曲了？""为什么百度搜不到我家杰伦的新歌？"……这些问题其实都是很普遍的有代表性问题。不管你是否身处这个行业，你都会潜移默化地发现它的环境在一天天改变着。

"唱片已死"所指的多是传统唱片行业，也就是我们常说的CD/磁带、唱片公司以传统方式"造星"的行业。那时候，一个歌手发片，卖上百万张的大有人在，甚至卖出上千万张的也有。但这10年，随着数字音乐及其播放载体的出现和网络下载的普遍，基本上一个歌手的实体专辑能卖几千张就已经很不错了。因此，不少行业人都已开始宣判CD的"死刑"。

时间步入2016年，政府加强了对于知识产权的管理，并启动了对盗版的惩罚，媒体也不断呼吁加强音乐版权意识。由于各个音乐公司的利益纷争，基本在国内形成了三大音乐巨头：腾讯音乐集团

(QQ音乐、全民K歌)、阿里巴巴音乐集团(虾米音乐、阿里星球)、海洋音乐集团(酷狗、酷我等)。例如,因为周杰伦所处的杰威尔唱片是独家授权给腾讯的,所以你自然无法在百度上听到他的新歌。加之“粉丝经济”已普遍成为在线音乐平台的战略,音乐行业早已脱离传统唱片业而开始走入新的载体时代。特别是这几年对于正版单曲付费的大力普及与推广,很多唱片公司都纷纷走上正版维权与数字音乐盈利的道路。自从2014年8月,华晨宇在微博独家售卖《Why nobody fights》数字单曲取得巨大成功后,周杰伦、张杰、鹿晗、周笔畅、五月天等歌手的专辑也都开启数字发行。从QQ音乐在2016年公布的数据来看,鹿晗《Reloaded +》专辑总共销量突破500万张。此外,周杰伦、李宇春的专辑也同样突破金钻销量。数字音乐取代传统唱片已是趋势。虽然实体唱片业已死,但互联网上的在线数字音乐、流媒体却早已崛起。

二、新媒体运营工作内容及心得分享

接下来,我来说说做音乐媒体的简要工作内容。总结为两大部分,分别是对内及对外。

对内:第一,产品方面。音乐产品方案的功能规划、测试、优化产品方向;第二,账号方面。官方微信、微博等平台的内容运营;第三,热点方面。创造并挖掘微博上的音乐热点、明星动态；进行专题策划、稿件撰写。第四，数据方面。通过对传播的数据进行分析、复盘，优化自身内容。

对外：第一，开拓并跟进对外合作，包括但不限于歌曲推广、音乐节，演唱会、电视电台，网络媒体、KOL等；第二，针对竞品与行业资讯收集，深入了解竞争对手，制定具有战略前瞻性的策略；第三，与厂商、合作公司的商务协调、结算报表等工作。

了解了大致工作内容后，再来分享一些个人在做新媒体运营时的一些心得，希望可以对即将进入这个行业的同学们起到一点帮助。

力争优质独家内容　创造核心价值

众所周知，音乐平台作为内容型产品，拥有独家内容已经成为其核心竞争力。如果失去独家内容，只有一成不变的固有资源，这样就无法对用户产生新的刺激，用户也会逐渐失去新鲜感，这就意味着你的平台在未来竞争中或将出局。因此，拥有大量的独家优质资源作为“武器”，才能获得持续的品牌曝光与认可度，生存的几率才会越大。在实际工作中，如TFBOYS、吴亦凡、周杰伦、华晨宇这些当红歌手要发新的数字单曲，各大音乐平台都会力争与该歌手的“独家合作”，因此也就形成了前面所提到的各大集团对于独家音乐版权的纷争。

勤动脑　增加策划方案的创新能力

正式工作之后，你会发现领导经常会向你交代一些活动方案。例如，我们会和唱片公司合作一些歌手的线上推广，需要一个方案来将歌手最大化地推荐给用户。这个时候就需要你针对对方公司的特质、歌手的气质、活动的目的，以及活动后的公关等内容进行策划。刚进入这个行业的新人往往憋了半天什么内容都写不出，嘀咕着对这个歌手不熟悉，无法进行策划。这个时候，你不要着急，其实策划内容可以在平日多动脑进行练习，就像乐评人一样，可以先从自己熟悉的歌手策划案写起。例如，你喜欢鹿晗，自然会熟悉他的定位风格：阳光、健康、帅气……如果他要发新专辑，那么就可以先来为他量身定做一个活动方案。例如，#与鹿晗一起晒微笑#，#鹿晗运动季#，#找找身边的鹿晗#等。只要你敢写、有创意、能坚持，我相信有一天你也会有非常吸引人的营销案例。

对热点事件有极高的关注度与敏感度

在现在的移动互联网公司，员工已没有过去的Online/Offline的界限了，全程都要24小时待命。这对于娱乐媒体来说尤其重要。你要时刻明确当下网友在关注着什么热点，正在发生着什么，即将可能会发生什么，以及发生之后，应该如何快速地推送给用户。例如，2016年的金曲奖颁奖典礼。作为线上推广的媒体平台，我们要明确知道每一个奖项的颁发时间，每一位表演嘉宾的亮点，以及每一个奖项的入围歌手。如果擅长唱跳的A歌手爆冷获奖，那么需要用什么宣传策略；如果擅长创作的B歌手获奖，我们是否应跟进该歌手的原创歌曲集锦？而在颁奖典礼的重要环节上，是否需要对平台上音乐兴趣用户下发通知？假如他/她在颁奖感言中有不适言论，如何做到第一时间处理？总体来说，我们要有极高的关注度与敏感度。当我们看到并跟进一个热点时，我们应该考虑如何与自身的产品与业务相结合，如何快速而有效地将其推广到用户的面前。并让他们在第一时间接受。

专业不对口？但只要用功也可以做得很好

2015年年初的时候，我们公司招聘了一位应届实习生。他所学的专业是会计，可以说与媒体行业完全不搭边。但是他对于音乐有自己独特的鉴赏能力与强大的兴趣。在短短不到一个月的时间，他经过努力学习，已经可以完全独立地完成包括与唱片公司对接合作、线上专题与活动策划等工作内容。

其实，对于行业新人来说，最重要的就是努力与坚持。坚持每天获取新的行业资源，坚持每天找寻新的工作“兴奋点”，坚持用乐观的心态与团队及外界沟通……除此之外，还可以尝试加入一个适合你的 “媒体人圈子”，“取己之长，补己之短”。不管是线上聊天还是线下的聚会，这些来自全国各地的媒体同胞与唱片公司的宣传人员你来我往，大家一起抱团后，共享的资源也会越来越多，随之也就消除了信息不对称的问题。所以，只要坚持下去，你的小宇宙就会越发闪耀，自然会有你发光的那一刻。

即将步入社会的同学们不要忐忑，要认清自己，认清即将进入的工作领域，这样对比自己有哪些不足后，就可以专对性地去学习和改善了。相信大家都会有一个明媚的前程。

好好做人　好好做事

●刘　辉

这是毕业两年后第二次被母校老师找到要求写文章，上一次已经让要求我写文章的老师很折磨，这次想必也不会例外。

倒不是说我刻意地做了什么，只是个人终归不是理论派或者什么学院风的选手，所以恐怕写出来的东西未必能符合老师的要求。在过去的学生生涯，我也曾苦恼、自卑，为了迎合老师们我也曾写过很多苟且的字，诸如检查之类的东西。如今，再没有理由去那样做，所以写出的文字恐怕会鲜活起来。即使已经说了这么多但并没有游离于主题，我想这也是我自信的理由。在这里，为下文的包袱先埋下一个伏笔。接下来，开始聊正事儿。

从业经历：

2011年，某著名期刊网实习。（老师推荐）

2011年，大四的时候在某BAT公司实习。（同学介绍）

2013年，因没转正名额，不堪生活重负而跳槽到某杂志社任编辑。同职位最高薪水。（总监推荐）

2013年年末，加入某国际互联网公司，做bing搜索引擎导航。同级别最高薪水。（投简历）

2014年7月，回到某BAT公司。（频道主编推荐）

好吧，刻意加在括号里，以便智商不高的朋友也能发现共性。综上所述，我的职业生涯几乎全部都与人脉相关联。也因为如此，我的面试经历一帆风顺。迄今为止，我只被某个中字头的报纸拒绝过，我的职业生涯一直处于比较快速的爬坡阶段。薪水其实并不多，但伴随着每次换工作，薪水基本上都是呈double（翻番）级别递长。

首先抛出来的是人际关系。这是最值得大家注意的，在我看来是这样。当然，立场不同，所要表达的东西也不一样。其实，认识我的人都知道，我这个人做事基本与功利心没有关系。

为什么先说这一点？因为我认为这是最重要的。其实，并不是要各位少侠去巴结上司，然后唯利是图地和人交往。我与人沟通基本很少做这些事情。举个例子，没事给领导或朋友圈点赞什么的，打死我也不会做。领导不是王二噶，同事们也都基本心智成熟，所以一个正常的人会愿意与什么样的人交往呢？未必是能力强的，也不是会拍马屁的，首先是人品正直的人。

虽然，我反省一下我并不是那么一个绝对人性纯良的人，但是扪心自问，大多数时候我都是正直的人。第一次码字和人谈到人性，可能对这方面我了解得有限，但是在这里不得不说。

在这个社会中，能混出来的就这两样人：能力强的人和人缘好的人。大概意思就是好好做事，别拿自己不当人，学会包容之类的。我相信，大部分人更喜欢真实率真的人，当然不是让你当“二愣子”，尺度要把握好，吃亏的时候别忍着，也别立即反抗。对，有知识的人管这个叫“不卑不亢”，就是这个意思。请注意，我没有用老腔调说要你们去学做人之类。学做人是“术”，很多时候，过于强调方法，执迷于怎么做怎么办这种方法论上的事儿，我更希望大家梳理正确的价值观。人们总之，希望大家正直，就是这个意思。

然后说点儿偏技能型的东西。我是做编辑的，是网编，Photoshop这种作图软件是没得说了，基本必备，很多时候流量完全靠一张图。文字功力这个也不用多说，其实比文字水平更实际的是专业知识，这样以便于你更好地抓住新闻热点。

目前，网络正向视频化和个性化的趋势发展。针对视频化这块，Premiere这种视频制作软件还是有必要认真学习的。假如熟练掌握这一软件，那么你就会多一条路，做视频的比一般文字编辑应该每月至少多赚1000元吧。在同一个公司工作的话，当然你会更累一些，自己选择。多看一些综艺节目吧，虽然我一看见明星就手脚麻木、四肢无力，但是如果做节目的话，这是有必要的。

针对个性化，这也是目前各个门户发展的方向。可以看到几个门户的重要频道的改版。比如，NBA，页面添加了自动选择喜好球队的功能，星座频道定制个人星座运势等，这是目前的方向。如果你想吃这碗饭，那么你就需要多关注业内的形势变化。

另外，需要培养分析能力。面对受众，你要有一个判断；计划内容的时候，要有一个清晰的思路；设计版面要有条理性。

我所在的是时尚中心，是男性占50%左右的神奇的地方。在门户生存，危机感是很强的，特别是我所在这种帝国型的企业，你很难体现出价值，而年轻的你需要这一点。你很难准点儿下班，但是你女朋友还在家里等着你。对，现实就是这样。

这里的工作环境还算优越，有健身房，有饮料供应等的，还有不少解决住房、生活的政策。同事之间，关系也融洽，毕竟年轻人多，不会死气沉沉，我唯一一次去夜店都是公司组织的团队建设活动，包场……工作上，大家素质都不错，但是都高智商人。每个人都有一摊事儿，每个人都对接对应的项目。如果没重要的事儿做，你就基本干不了多久了。

简单提几句工作流程上的问题。我所在的是非资讯频道，所以及时性地更新很少做，除了像有的明星没事儿找事儿披露离婚这种新闻，其他的基本都有规律；如果是其他资讯类的，即时性的更新需要值大夜。

每天上午7点钟左右，移动端需要进行第一波更新。

每天上午9点之前，电脑端需要更新完成重要位置。

推荐位更新完毕后，你可以喝喝水，扫扫热点，发文章，做自己的事情。比如，我是做视频节目的，就策划节目，协调导演组和演员等事宜。

每天中午12点之前，流量二次高峰，移动端需要第二波更新。

每天中午17点之前，第三波高峰，更新。

期间的时间自己可能策划，但提示一点，移动端的流量主要在夜里，需要在家里也干一些工作。对，人生就是如此。

对了，做PPT很有必要，Office大家需要掌握，特别是晋级更需要这项技能。

好，基本聊完，感觉内容还挺充实的。不知道有没有用。看到这里的朋友，谢谢你。纠结开篇我所说的所谓伏笔的朋友，让你们失望了，这是个谎言，希望让大家有心情看下去，毕竟码这么多字是不容易的。从这一点出发我并不是那么一个绝对正直的人。有疑惑的女生欢迎与我沟通，男生就算了，会踢球的可以考虑。

对了，我有个故事可以讲一下，短的。

有个朋友去了某著名教材类出版社做发行，很帅，像王力宏。大学的时候和女友很恩爱，今年分手了。我没工作之前，也有个女朋友，情投意合。工作三个月，分手了。

好，聊到这里，有缘再叙。

新闻从业到最后，拼的都是天赋

●邓　宇

我先后在《大学生》杂志社和《中国新闻周刊》杂志社实习，2013年第二次考研失败后入职《财经天下周刊》，年底逃离北京回到长沙，现任《晨报周刊》编辑。我自认为功夫都花在了正事之外：创办微信公众号“北京新媒体故事”，更早之前和一群小伙伴创立了“新闻实习生群”，用四五年时间打造出一副网络红人形象，个人主页有十多万访问量，“人人小站”有三十多万访问量。入行以来，最大的感悟莫过于新闻这一行，最终拼的是天赋。

我做新闻和很多人不一样：人家实习去的是一流媒体跟着记者学采访报道，而我过去几年一直都在围着新媒体转圈儿。不同的是环境从学校切换到社会，平台从“人人”变成了微博、微信。有鉴于眼下媒体行业不景气，今后入职做新媒体工作的人会越来越多（如果还想进的话），提前了解一下这一行的工作状况似乎也挺好。

坚持、琢磨、不断折腾，四年炼成"网络红人"

"北京新媒体故事"推送到第300条微信的时候，距离上线第一天已经过去了18个月，地点从北京转移到了长沙，而我本人则由失业人员，变成了媒体从业者。

其实在做"北京新媒体故事"前，我已经在"人人"上摸爬滚打了四年时间，把自己从一个普通人变成了校园的"人气之星"，进而成为小范围的“网络红人”。个人主页有十多万访问量，“人人小站”有三十多万访问量，这培养了我运营一个账号的基本规范，同时不断摸索传播规律，即什么样的内容受人欢迎。

但这些都离不开长期的坚持。“坚持”可以说是运营微信公众号的关键。只有日复一日地阅读信息，你才能懂得判断信息的价值；只有学会将所感所思清晰地表达出来，你才能了解怎样讲一个好故事；只有反复琢磨一条优质内容如何引发外界关注，你才可能从纯粹的内容生产（搬运）工作中解脱，并得到升华。最重要的是，这些事情很多时候都需要你一个人独自完成。凡希望自己的努力有所回报，你就必须时刻提醒自己努力、再努力。

有两三年的时间，我几乎每天在不间断地使用RSS阅读器，浏览数十万条感兴趣的内容，在微博、豆瓣、知乎上寻找一切有价值的信息，然后再将它们编辑、整理、分享到如人人网、微信公共平台这样的地方。我喜欢用这种看似愚钝的方法，让自己被最新的内容包围；同时通过频繁接触同一话题，训练大脑的记忆力与敏感性。

我的一贯作风是无论擅长与否，只要自己感兴趣，我就会花大量的时间做功课，尽一切可能获取最有用的信息。联想到前几年很流行的“10000小时理论”，以及最近申音老师全新推出的创业项目

“怪杰”，感觉这就是对我这几年所做事情的概括。

争取10秒内判断一条信息的价值，这是我在互联网环境下养成的阅读习惯，没有长时间的折腾是很难做到的。现在想来，这应该是沾了年轻的光。因为年轻没有负担，有大把的时间，你总能找到一些真正热爱的事情去做，并尝试把它做到极致。

读报刊先看报头和版权页，是个好习惯

回到线下，我也有一些看上去有别于其他人的阅读习惯。比如，在我看报纸或杂志的时候（原谅我读书少），第一时间留意的不是标题或正文，而是作者/编辑信息。如果读报就先看报头，如果翻杂志就先看版权页。

老实说，在上大学之前，我几乎没怎么看过新闻系学生经常看的那些报刊，高中三年买过三期《南方周末》，平时大部分时间只读《青年文摘》。即便如此，那时我就有意识地强迫自己每期首先必看上述内容（哪怕黑白印刷的纸张读起来实在糟糕），具体原因也不可考。

后来某一年，我在微博上提出了这个问题，并@当时还在《第一财经周刊》担任硅谷主笔的骆轶航。这条微博如今已经找不到

了，但印象中他给我的回答是，“对一个媒体工作者来说，这是一个好习惯。”

很难量化这样做到底为我带来了多少好处，但可以肯定地说，了解那些经常亮相写大稿的记者，顺便记忆那些经典作品的出处，这是快速地使自己成为一个媒体内行的方法之一。当你需要通过各种渠道谋求实习机会的时候，或许还能顺带给自己加分。这并非我个人的想法，而是很多人都验证了其可靠性。

也正因如此，美国作家彼得·海思勒（也就是我们常说的何伟）等人后来在参加《GQ》举办的“非虚构写作论坛”时，我从朋友圈看到有人居然不知道一同出席活动的杨潇是《南方人物周刊》主笔，而且事后才对他讲故事的能力大加赞赏，顿时觉得很难以理解。

我承认自己平时的习惯有点另类，但仍然不能接受一些报名参加活动的新闻系学生不认识杨潇。我并不想说因为对方有名就需要被记住，只是觉得总有一天大家要在一个圈子里并驾齐驱，提前做点功课总不是什么坏事，更何况很多人直到那天来临时都不会突击，想来也不会有什么很好的感觉。

想走写作这条路？踏踏实实先写10万字再说

说到写作，我大约道行浅薄，并不像身边许多朋友那样，对所谓“非虚构写作”有那么大的兴趣。“写作”在我眼中，仍然是码字的事儿。你首先得大量地写、放开了写，然后才有资格聊虚构与否。

作为一个生性固执的人，我对写作的态度始终如一。2011年，刚刚结束在《中国新闻周刊》的实习，我便在向学校提交的实习总结《写作之于我们从业的意义》中写道：“对学习新闻传播专业的学生来说，写作基本上将成为其在今后赖以谋生的主要技能。无论将来有多么高远的目标要去实现，但至少在眼下，写作之于他们的影响将无比深远。”

到目前为止，我仍坚持上述观点。最近几年，身边不断地有新闻专业的同学选择离开这个行业，去谋求新的发展，这让很多还在学校的年轻人开始变得蠢蠢欲动。在这里为大家提个醒，他们凭什么有机会逃离？答曰写作，而非其他。

写得一手好文章，在校的时候可以帮你谋求一份好实习，毕业的时候或许能够助你挤进热门媒体单位。等到离职之前，写作能力强的人早就积累了可观的社会资源。无论今后是否还要继续和文字打交道，至少在当下，文字改变了他们的职业生涯。

要想走上这条路，你必须让自己的手指头先动起来。不管用笔还是键盘，请踏踏实实地先写10万字再说。再补充一句，漫无目的地写也好，专注地分析某个领域也罢，都取决于你自己。但不要忘记这不再是私人写作，而是有目标的自我训练。把自己写高兴和让其他围观的人一起高兴，完全是两码事。

新闻从业到最后，拼的都是天赋

说了这么多，也做了这么多，我仍对这些过往经历深表怀疑，而这些疑团似乎也随着时间的推移在逐渐变大。

我依然记得大一选修新闻写作课时，把自己的几篇作品打印给老师评阅，老师的回复邮件中除了修改意见，还有几句“你的天赋非常好”“老师很高兴能够指导你这样的学生”之类。可是，这样的评价从未让我有过半点满足感。实习同样如此，偶尔行文比其他实习生更好而被人称赞几句，似乎也没有减轻自己内心的焦虑感。

新闻这一行只要时间充裕，依靠大量的观察、阅读和写作，就可以让一个人从籍籍无名变得小有所成。但下一步怎么突破呢？倒不一定非要成为一名一流的记者，至少前几年还要有所进步吧。然而这种感觉并不多，哪怕从平面媒体换到新媒体工作，大多数时间我都要在淡定和焦虑之间艰难地寻找平衡点。

我经常想起一个悲观的论调：新闻从业到最后，拼的都是真正的天赋。我相信“天赋”分为先天和后天两类，很多人都依靠漫长的学习和生活经历重塑了自我。这很伟大，也值得让人敬佩。但如果训练稍有停顿，快节奏的消耗就会把人掏空，我们需要不断地补充新内容去完善自己的知识结构，提升合理运用信息储备的能力，以便最大程度减少消耗。

我自认不是生来具备这种技能的人，只是似乎遇到了想做的事。虽然已经做了这么多年，但是暂时还没厌倦而已。我经常会停下来，想想自己这么多年做这些事情的动力是什么，目的是什么。有意思的是，每当我认真思考问题的时候，恰恰也是最难以将这些小事做下去的时候。我从不觉得自己聪明，也不认为这么多年的投入就能证明自己足够勤奋。入行以来，我最大的感悟莫过于从事新闻这一行，最终拼的是天赋。天知道这些乱七八糟的事情还能持续多久，万幸的是，点赞认可的我人，比早几年刚上路时要多多了。

青春有个影子

●武　雪

上学的时候，我一直有一个很天真的想法，想按下生活的快进键，直接播放到大四毕业的那一天，幻想着工作以后的种种——京城地标性的写字楼，一家不大不小的公司，所向披靡的上司，西装革履的同事，做不完的提案，痛并快乐的加班……然而，当生活这场肥皂剧按部就班地演到那一天的时候，当毕业后的种种真真切切发生在生活中的时候，我却有点儿惶恐，觉得一切来得都太突然。无论从思想上还是实际行动上，我都还没有准备好。虽然也有过实习，蹑手蹑脚地触碰过所谓的“行业”，以及所谓的“工作”，但是还没有好好想过实习做的这些事儿跟就业、跟未来、跟生活会有什么关系。大部分人貌似都有一种叶公好龙的情结，没错，我就是那大部分人中的一个。当幻想的情景“哐”地砸到我面前的时候，甚至现实中的这条“龙”比想象中那条龙看起来更温顺、更让人感到踏实时，面对这一切，我竟然还是怂了——又想给生活按一个后退键，给自己一个思考的时间，想想何去何从，想想生活如何选择，想想在毕业前怎么武装自己……

实习的时候，我在某老牌门户网站做内容编辑，这里有一群年轻、充满活力、朝气蓬勃的哥哥姐姐。他们穿着时髦、思想前卫、紧跟时代的大步伐，就连当时他们的手机铃声也是一年以后可能才在三环外流行起来的，吃的、喝的、谈论的，要多洋气就有多洋气。一个大哥打电话开免提，那修辞、那腔调让我一直以为他是在做上流社会的电话采访……

当时我被分到新闻中心，这个组最重要的板块是“国内新闻”“国际新闻”和“专题新闻”工作由三四个人轮班做。每人每周负责一天或两天的要闻。当天的责任编辑必须在早上七点之前更新完当前时间节点的所有要闻。因为新闻最重要的就是时效性，网站得保证让受众在早上起来或者上班路上打开网页能在第一时间获得当天的各种新闻资讯。作为媒体与社会和受众之间的桥梁，这些小编们肩上扛着的不仅仅是一份工作，更是一份神圣的社会责任。无论是从工作量，还是从工作难度来看，我第一次感受到工作的压力，做好这些确实很不容易。这群看起来那么光鲜的前辈，其实在工作中真的是蛮拼的。

我实习期间，主要负责“探索”“情感”“历史”和“猎奇”等板块的内容。在前辈教我做之前，我满脑子都是书本上的施拉姆、卢因、拉扎斯菲尔德、霍夫兰、麦克卢汉等传播学大家的头像和理论。当前辈向我传授了网站的工作流程，以及内容选材要求的时候，我大概知道了该怎么做；当一位主管手把手带我做完一个版块的内容之后，给我感触最深的就是三个字——“点击量”。这些板块跟传统的新闻版块有很大的区别。为了迎合所谓的“大众文化”取向，为了在内容爆炸的网络世界搏出位，“把关人”的三观有点儿茫然。“眼球经济”就像大字报一样贴在每个人的脑海里，“标题党”已是见怪不怪。我记得当时已发的好多内容我都不好意思看(当然不是“黄赌毒”的东西，毕竟是正规门户网站)，那些跟三俗暧昧不清的内容，还有各种娱乐圈的绯闻八卦，总是能获得较高的点击量。以前广告专业课上老师讲的“3B原则”——“Baby Beauty Beast”，真的是眼球灵药。

我写这些不是要揭露什么，更不是要批判什么。无论当时还是现在，我也一直是个“门外汉”，我只是陈述一种常态，一种看似合理，却又有局限性的存在。我觉得做传媒的人应该要有自己的思想，尤其是在这个行业摸爬滚打很多年的“过来人”，应该给刚入行的年轻人和这个社会一些“正能量”。

在这个组里，每个人每天都要完成相当可观的发稿量，文字的内容、图片的内容都必须进行大量更新，才能保证让受众有新的一天的即视感。也正是因为这些，网站编辑会接触到这个社会的方方面面。比如，政府官员对政策的解读，农民工生活的疾苦，科技工作者的探索发现等。其中，既有正面的、积极的、阳光的形象，也有社会的阴暗，真是坐观世间百态。

这份实习工作我虽然没有做太久，但它却在潜移默化地影响了我很多。不仅仅是因为这是我第一次触摸到了工作的棱角，第一次坚持挤地铁上下班感受这个社会跳动的脉搏，更重要的是它带给我很多思考和感触。无论在哪个行业做事情，我们都必须找准自己的位置，明白自己肩上的责任。我们虽然不是伟人，也没有找个支点撬动地球的抱负和影响力，但我们能做的事情也有很多，结果也会有好有坏。很多人看东西只喜欢看结果，然而最核心的步骤是实现这些结果的过程。

第五部分

影视人的故事

影视行业入门

●高超雨

记得前不久看到《职来职往》节目中一位广告专业的大学生满怀激情地想要找一份艺人助理的工作，但由于缺乏相关专业背景和工作经验，要获得满意的职位和薪水并不那么容易。所以我想一定有很多这样的朋友，有自己的梦想与激情，想要从事一份专业跨度很大的工作但又问道无门。我自己正是这样一个例子，所以特别想跟大家分享一下我的经历，特别是对影视行业感兴趣的同学，希望能对你们有一些帮助。

如何进入影视行业

我从小就对影视特别感兴趣。大学期间，闲暇时间我就喜欢看电影和电视剧。我以为我很有热情，以为凭着这股热情就可以去做电影、电视。一天，跟千桂老师聊，我说我想去做影视，但现在没有专业知识，只能通过跨专业考研。千桂老师只问了我一句："你能说出多少个导演、编剧的名字?"啊，还要对导演和编剧都了如指掌？我只记得我看过的剧名、剧情和演员，还有那些耳熟能详的大导演！其他人的作品、风格及市场业态我从来就没有深入了解过！我当时完全懵了，原来我根本不懂电影！只是空有一腔热情。

毕业后，我凭着学校在出版领域强大的专业背景去了一家出版社，做了图书编辑，想到转行又要熬三年，现实的无奈几乎要使我的影视梦破灭了。然而，机缘巧合之下，赶上单位从传统媒体往新媒体转型，成立了传媒影视公司，拍起了微电影和综艺节目，我也幸运地转行做了编导，参与制作了国内首档从韩国引进的户外旅行综艺真人秀节目——《两天一夜》。如果当时不是这个契机，在没有人脉关系的情况下转行做编导是很难的，除非再从实习生做起。

所以我想告诉想做影视的同学们，如果你现在刚进校门，有许多事情你可以提前准备；如果你已经快要毕业，并且没有这方面的人脉，那么你有以下这样一些途径。

第一，跨专业考研。这对于广告学专业的同学来说相对容易。因为广告学专业与影视是相通的，同学们对于艺术理论、专业软件都有接触，也培养了一定的艺术审美。但这是一条很苦的路。因为需要补充大量的专业知识，且撞墙的概率很大，你必须要有过人的毅力。听说一个朋友本科学的是财务类专业，为了考上北京电影学院，他花了两年时间将所有经典的电影都拉片分析，逐个镜头、逐个画面地深入研究，终于梦想成真。大一、大二的同学有充足的时间准备，但对于应届毕业生，我个人并不建议这样做。因为相比学历，影视行业更看重的是经验。

第二，从实习生做起。影视行业门槛其实很低。拿综艺节目来说，只要你平时足够热爱综艺，有大量的看片量，不管中国的、韩国的、欧美的，都有自己的喜好和见解，你就能获得很多的实习机会。当然，如果你说你能熟练使用一种剪辑软件，如Final Cut，

Premier或AE，记住，是充满自信地说“熟练！”，那恭喜你，各大电视台、传媒公司、视频网站等到处都欢迎你。如果你有拿得出手的作品当然更好。这个行业的实习生做的事情特别基础，能学到的也多。却使工作两三年之后再考研，也是相当有竞争力的。也许，那时你已经不再想考研了。因为当你去找工作时，三五年的工作经验远比名校的三五年学历来得更为实在。

电视拍摄有多神秘

也许很多人觉得影视拍摄离我们的生活很远，对影视行业的制作流程感到好奇。看到一堆明星和长枪短炮的摄像器材感觉很牛气的样子。我以我的经验给大家介绍一下现在层出不穷的综艺真人秀节目的制作过程吧。

首先，说说真人秀的定义。真人秀是近年来最时兴的节目类型，如《爸爸去哪儿》《花儿与少年》《我们十五个》等。真人秀是一种将明星或素人置于一种特定情境下，看他们的真实反应的节目。《两天一夜》中，明星兄弟团成员一起去旅行，围绕吃饭、睡觉等不同的待遇进行游戏比拼。如果游戏输了就真的吃不上饭，要睡帐篷。真人秀不像影视剧有固定的剧本、对白，而是靠成员在设定的环境刺激中基于自身性格进行真实表现。像《奔跑吧，兄弟》这样的游戏综艺，实际上有更多的表演成分在。不知道大家有没有看过韩剧《制作人》，这部剧就是以韩国王牌综艺节目《两天一夜》为蓝本拍摄的。我所参与的就是中国引进制作的《两天一夜中国版》。

在节目制作的前期，我们需要到全国甚至国外去踩点，选择适合的拍摄地；然后，策划内容主题，对环节、游戏进行设计，并制定人物的角色定位。比如，跑男中李晨是大黑牛能力者的角色定位，《极限挑战》中黄磊是神算子的角色定位，艺人会根据角色定位去着力表现。这些工作主要靠编剧，在韩国也称为作家。中国的编导是又编又导，而韩国会将编剧（即作家和导演）划分开。

在节目拍摄期间，会有一个多至几百人的大团队在一起工作，如导演组、编剧组、摄像组、灯光组、制片组（负责衣食住行等繁杂事务）、道具组、艺人统筹组等多个工种一起协同合作。每个人都有自己的分工，每一个环节都不容有失误，整个拍摄过程都是非常紧张的。

拍摄完之后，我们会根据现场发生的情况对艺人进行采访，之后将48个机位，总计几千个小时的素材交给后期团队连夜进行剪辑、包装。编导也会协助后期团队的工作，比如写花字，就是你看见节目中的那些屏幕中间烘托气氛的文字。

在所有综艺节目中，《两天一夜》可以算是非常辛苦的。在两天一夜的时间里，整整36小时是不停机的。也就是说，工作人员晚上都是要连续拍摄不睡觉的。其实，在拍摄前一两个星期的准备时间里，工作人员都要筹备、开会到很晚，几乎每晚都只能休息几个小时。我曾连续两星期每天只睡两三个小时，甚至通宵连续工作。有时候，到条件比较辛苦的地方工作，如沙漠。各种蚊虫叮咬，帐篷睡袋不够，再刮个风，真的是没法睡。由于上厕所不方便，有时候连东西都不敢吃，精神和体力消耗都是极大的。电视人号称“农民工”，在拍摄现场，有人戏称“女的当男的用，男的当狗用”。做电视的辛苦由此可见一斑。所以我们常说，上辈子做坏事，这辈子做电视。进这个坑之前，你先想好自己能否吃得了这个苦。

虽然做电视非常辛苦，但是做电视最大的好处就是，当你回首往事时，看见自己的作品，回想起当时的情景，会觉得不虚此行。我已经忘记了我第一年做编辑时给别人改过的稿子，但是我能记住做节目的这两年我所经历的一点一滴。

做电视，你需要具备哪些素质和能力?

想要做影视，我建议你应该练就自己的个人技能。

1.练就一门可以谋生的本领。如设计软件AI、PS等，如后期制作软件AE、PR、Finalcut等，并练至精通！

2.现在开始积累。想做电影、电视，就要看大量的影视作品并深入研究；还要看小说，看小说，看小说！网络剧的时代已经到来，需要大量改编剧本的人而非原创的编剧。如果你自己能写，那就更好了。

3.重视团队，有责任感。公司宁愿要一个能力一般的有团队精神的人，也不愿要一个能力出众但是不听指挥的人，因为这毕竟是团队作业。

4.广告专业的同学，喜欢影视的同学，平时多拍拍片子吧！多参与实践，以后就知道多管用了。

5.如果可能，除了学精英语，应该再学一门小语种。随着中、韩合作的加深，会韩语的人很吃香！

6.如果可能，提前准备考个雅思或托福，出不出国都有用。

7.做好吃苦的准备。

8.如果可能，有空出来和我这样的“过来人”一起唱唱歌，聊聊天，谈谈人生，谈谈理想。我们会告诉你我们吃过的亏。

社会新闻记者的苦与乐

●崔　倩

我是一名电视新闻记者，由于电视新闻的表现方式要通过声音和画面，所以电视记者和摄像往往绑定在一起。记者要告知摄像需要什么画面，摄像要保证画面质量不出差错。在场面重大、重要的现场，记者还要承担出镜工作。如果大家好奇，如何成为一名电视新闻记者？可以从我日常的工作来了解这行需要的职业素养和技能。

我所在的电视台新闻频道，有一档栏目，每天晚上21：10分与观众相会，“大路朝天有说道，出行上路麻烦少。”随着主持人的开场白，交通事故、各类违法司机及交通违法行为都热热闹闹地上演。这个栏目是新闻频道收视率最高的栏目，我也是栏目组的一员。我是一名跑交通新闻的电视记者，这个城市里的每个交通参与者，都是我的采访对象和关注的人群。

一天上午9点半，我到法院采访一起交通肇事案。在前一天，与法院外宣的通话中，我大致了解到，这是一起司机失误倒车轧压女童的案件。在前往法院的地铁上，我就在梳理，一会儿要弄清的几个问题：首先是弄清“5W”，即时间、地点、谁、干了什么、为什么；另外，现场有没有可挖掘的故事、情绪点，司机的经历能得到什么样的警示。这是最基本的脑力活动，并不费劲儿。就算你没有什么经验，你起码可以在庭审现场认真地听，认真记录。但重要的是，你要在庭审完成前确定你报道的方向和新闻点。围绕这个，你再去补齐你需要的采访和缺失的镜头。比如，我的报道方向是围绕司机驾车时的两个失误，一是他上车前没有查看后方情况，二是开车时有摆弄手机的分神行为。因为庭审现场公诉人的同期声已经拍摄得很全面，被告司机回答得也十分清楚，所以在最后补拍一些案卷和一些事故照片之后我就离开了法院。几天后，我看到了其他媒体的报道，《法制进行时》记者报道的新闻点是，老司机的疏忽致事故，该案件目前已达成民事和解。他们拍到了赔偿书的画面。还有《北京晚报》记者报道的选择的新闻点比较独特。他在采访中了解到，该司机在倒车时启用了倒车雷达，但他当时并没注意看倒车雷达。所以，记者以此作为落点，提醒司机不要因车内有一些高科技设备而造成主观上的麻痹大意。

因此，新闻报道是一项创造性的活动。就算同一件事，记者视角不同，所报道出的侧重点也不一样，还会引起不同的舆论效果。所以，记者手中握的是话语权，肩负的是社会责任，目的是要推动社会进步。这份责任心永远不能松懈。

新闻是有时效的，尤其是电视新闻。当天的突发事件，如果第二天报道就失去了意义。我常常会突然接到编辑电话，告诉我要立刻赶往某个突发现场。在赶往现场的路上，我首先要弄清地点，以及最快到达的方式，不能走冤枉路。这个工作一般也由开车的摄像负责。然后，我就要通过手机搜索有没有相关报道，比如微博有没有人发，翻翻图片看看现场情况。如果没有可利用的信息，就要尽可能地抓住拥有的资源去询问。如果不是重大事件，准备工作做不全也没关系；但若是重大事件，你的前期准备会决定报道的成败。

到达现场以后，首先要清楚你的方向和位置，然后询问现场人员，找到当事人、目击者和官方人员。了解情况以后，你就可以准备出镜词了。一般，紧急地突发事件报道需要记者出镜并穿插采访同期声，不用解说词，串场的话都由记者现场完成。此外，现场情况十分多变，很有可能出现不配合、不接受采访的现象，使拍摄受阻。所以电视记者，不仅要有表达能力，而且还要有沟通能力，以及随机应变的能力。这样的采访常常耗费很多体力和脑力，而且来不及吃饭，来不及喝水。毕竟我才工作一年半，没经历大风大浪，资历尚浅，所以每跑一次突发现场都是一次挑战。当然，越有经验的记者做起来会越轻松，老记者对付这样的小现场，可以说不费吹灰之力。

对我而言，每天采访任务不同，可以跟不同的人接触，让我对这份职业一直保有新鲜感，也不腻烦。但电视记者除了采访之外，后期还要写稿和剪辑视频。前者要机敏、灵巧，跑上跑下，后者则需要耐心、谨慎，长时间静坐。

电视语言十分浅白，所以电视新闻稿件没什么文笔可言。当然，有文笔可以为你加分，但是最重要的考核在于内容，也就是传播出的信息量。我一开始写稿子感到比较费劲，往往处理不好采访同期声、环境同期声，以及正文解说词之间的逻辑关系。但是写着写着就顺了，尤其当你在采访时已经酝酿好清晰思路的时候。稿件一定要确保真实，字斟句酌。在制作新闻时，打字幕不能出现错别字。在我们部门，一个节目播出后被发现有错字要罚记者200元。

观众最终看到的电视新闻的成品是几分钟的视频短片，所以记者在剪辑视频时，需要对远、全、中、近、特，不同景别的画面进行搭配，需要一定的视觉欣赏水平。但无论采访、写稿，还是后期剪辑，都是慢慢积累，慢慢成功。

记者中跑社会、跑热线的人是最辛苦的，而媒体中做电视的，又要比做纸媒和网媒的更累。 我经常的状态是，采访走一上午，制作片子坐一下午，盯着屏幕，探着脖子，颈椎连走路时都会感到酸麻。每天坐地铁回家，只能大脑放空，再不能想任何事，连玩手机游戏的心情都没有。尽管工作辛苦，但我还是感激这份职业能让我接触真实的社会。记者要拿良心做报道，对社会、对人要保持积极和好奇；同时，又必须保持冷静和严谨，不能感情用事，要似火似冰，能暖能冷。

爱，让我坚持

●查明辉

对于一个情怀十足的文科生来说，传媒行业无疑是未来步入社会的一个坚定的行业选择。在外人看来，传媒行业是光鲜亮丽的，永远都是走在潮流的最前沿，注定要与普罗大众区别开来，像有一

种引领人类的自负的使命感在内心作怪一样，而其幕后的工作是辛酸的，但也会有通关打怪兽的喜悦心情。传媒行业其实通俗来讲就是一个吸引大家眼球的行业，而笔者所在的文化娱乐行业——影视行业更是大众吸睛的所在。

笔者对电影产生浓烈兴趣的时间可能相对较晚了，是在高中无意间看到了美国著名导演斯皮尔伯格的经典之作《拯救大兵瑞恩》的时候。笔者也并非出生在一个艺术世家，从小便能受到艺术的熏陶与滋润，甚至早早地体现出兴趣与天赋来。但一路的坚持下来，不管出发的时间到底有多晚，都是来得及的。只要你决心迈出这第一步，便将胜利的一半握在了手中。

我虽然未能进入艺术院校学习，成为一名科班生，但是也将自己的母校作为人生中不可多得的乐土。好在本科学习的是文化产业管理专业，可以以一种俯视的角度去关注传媒行业，可以比较自由地去感知电影艺术。据粗略统计，我上大学四年级时平均两天看一部电影，翻看了图书馆所有关于影视方面的著作。而当我进入影视行业之后，不止一位行业大佬在讲话中提到，“进入行业的年轻人，不要急躁，首先要干的事情就是看片，不断地看片，把阅片量提上去，再谈后面的事情。”在台下洗耳恭听的我，也是有些小小的自喜。如果你想长期在一个行业里做，并且是愿意将其作事业、理想来做，那么自身的时间成本其实可以把它趋向于零。因为那个时候你心中会没有杂念，一心想要成为一个专业的人。从初学者到熟手到专业再到权威，也许五年你就可以，也许十年，你都会无限趋近于这个行业里的精英，成功的机会就会在你的身上成倍出现。为了这一刻，你的第一要务也是坚持。其实，更多的时候是享受这种每天面对新鲜事物的虚心学习，或静下心来沉淀一下最近这段时间浮华的行业节奏，再用一种企业家的眼光去审视这个影视行业，始终告诉自己不忘初心，矢志不渝。

笔者在大学四年非科班的自由学习体系下，成功地进入了某央企旗下上市影视公司实习并转正。该公司也是国内影视行业的“龙头标杆”的代表，尤其是在电视剧方面，出品的影视作品总是能够做到名利双收。作为管培生进入这个公司，与众多才华出众的科班生一起为了梦想前进。我从起初的自卑到后面的自信，这种改变除了环境，更重要的是心理素质。之所以你可以因劣势而进入这个圈子，那么自然证明了你的不可多得性，你要坚定的是你就是这个群体里最具特色的一位。在工作上，你之所以会比科班生更顺手、更适应，答案就是因为你不是科班生，你不会去在乎更多的理论，你能够很清楚地预测这项工作的未来大致呈现的结果，因此你会自然而然地选择捷径，不必在弯路上前行。这样你就可以在较短的时间里做更多的工作，锻炼不同的能力，看到更多的风景。就像健身一样，在短时间内，你可以更大程度地锻炼不同的肌肉群。这并不是揠苗助长，而是不耽误自己进入行业的初学时期。

如何判断你是否以合适的速度适应了这个行业的节奏，以及对于全产业的认知？除了书本上的讲解之外，如果你用两年的时候就可以比较清晰地把握住这个行业的节奏与脉搏，或者提前做出预判，那么你就是一个优秀的人，或者可以说你将十分有可能在未来成为这个行业的佼佼者。如果从毕业开始到进入一个自己选定的行业（前提是你认准并且欣然接受的行业，并愿意为之奋斗）做了为期三年的相关行业工作，然后还是一团雾水，那只能证明在这一千余天的日子里，你足可以把自己至少培养成一个行业熟手，然而你却自我放任，这是对自己的刑罚，无人可救。

笔者已在影视行业工作两年有余。时间虽然不长，但是也有些直观的体会。影视行业作为文化产业中的朝阳产业，每年以近30%的增长速度扩大体量，在制作、发行、放映/播出等上、下游产业都取得了有突出的成绩。但从业人员的素质普遍还是参差不齐，既有从专业院校毕业的，也有名牌大学的跨界精英来到影视行业，同时也有不以学历为标尺的最底层的工作者，这一类人员以剧组为主。这个行业需要更多的人力以适应快速发展的脚步。前几年的热钱不断涌入这个行业，造成行业过于激进与虚假繁荣。随着市场的成熟与观众审美水平的提高，这个行业也在进行自我推新，越来越多有情怀、有技能的人才纷至沓来。此外，影视行业的传播属性，让其在发展的时候不得不受制于国家广电总局，其出台的政策、法令也可以让这个行业重新洗牌、重新布局。但如果是一个成熟的影视公司是可以预判到由于政策限制而将会到来的风险情况，从而提前避让，减轻损失。这是这个行业大体的行业环境。

我在进入这个行业的第一份工作是影视公司的执行经纪人。一般国内比较成熟的影视公司，除了制作发行之外，还会有专门的演员经纪公司。演员作为一部影视作品中不可或缺的一部分，在经纪公司的位置也是独一无二的。一般来说，一个优秀的影视经纪人旗下可以带多个演员，配置1~2名执行经纪人。演员可以以不同的身价来进行组合。比如，一个一线、两个二线、三个三线这样的配置。经纪人手中的产品就是演员，产品的包装就是在包装演员，提高他们的美誉度、知名度等，从而提高演员的市场价值，使经纪公司获得更大的经济效益。演员作为重复周期性的产品，需要经纪人对其做好长远的演艺规划，同时要具备良好的临时公关能力以应对突发情况。

在演员拍戏期间，作为经纪人助理身份的执行经纪人需要去各大组讯筹备地，以掌握最新的市场情况，为演员后面的拍摄档期做好准备。现在国内比较知名的演员几年下来都没有休息过，一般都是拍完这部戏后就赶拍下一部，中间也许还会去串一下其他的戏。出现这一情况，也是市场造成的。由于一部影视作品从策划到播出都有一个相对较长的时间，如果演员拍摄完成一部戏后，就休息半年、几个月，或者接不到合适的戏，这会在后面几年出现断档的事情。况且在年轻优秀演员不断横空出世的当今，许多演员很快就会被淹没在大众的视野中。这个行当的“常青树”，除了天资、运气之外，更重要的是努力，这并不分台前还是幕后。不得不说，这行讲究的就是春种秋收，冬天还得想尽办法干点副业。一句话，别闲着。

除了常规的跑组工作，执行经纪人还需要跟演员宣传期的通告，对接各种繁杂的事情，同时需要处理各种事务，解决各种突发情况。每一次演员的曝光都要视作一次接近完美的展示，从化妆到服装到台本再到事先设计的新闻点，都要做足准备。

经纪行业可以说是进入影视行业一个不错的接入点，可以在行业里接触的面很广，会有机会去对接片方、演员、导演、剧组、电视台、各种媒体、包括粉丝，对于初入者快速感知这个行业是十分有帮助的。

作为一个刚刚入行的人来说，其实并没有资格在这里侃侃而谈，但只愿献上微言，与热爱影视行业的朋友分享。